2024年度版

給与計算実務能力検定®

2級 公式テキスト

内閣府認可 一般財団法人 職業技能振興会 監修

一般社団法人 実務能力開発支援協会 編

JN064813

日本能率協会マネジメントセンター

本書の内容に関するお問い合わせについて

平素は日本能率協会マネジメントセンターの書籍をご利用いただき、ありがとうございます。
弊社では、皆様からのお問い合わせへ適切に対応させていただくため、以下①～④のようにご案内いたしております。

①お問い合わせ前のご案内について

現在刊行している書籍において、すでに判明している追加・訂正情報を、弊社の下記 Web サイトでご案内しておりますのでご確認ください。

https://www.jmam.co.jp/pub/additional/

②ご質問いただく方法について

①をご覧いただきましても解決しなかった場合には、お手数ですが弊社 Web サイトの「お問い合わせフォーム」をご利用ください。ご利用の際はメールアドレスが必要となります。

https://www.jmam.co.jp/inquiry/form.php

なお、インターネットをご利用ではない場合は、郵便にて下記の宛先までお問い合わせください。電話、FAX でのご質問はお受けいたしておりません。

〈住所〉 〒103-6009　東京都中央区日本橋 2-7-1　東京日本橋タワー 9F
〈宛先〉 ㈱日本能率協会マネジメントセンター　ラーニングパブリッシング本部　出版部

③回答について

回答は、ご質問いただいた方法によってご返事申し上げます。ご質問の内容によっては弊社での検証や、さらに外部へお問い合わせすることがございますので、その場合にはお時間をいただきます。

④ご質問の内容について

おそれいりますが、本書の内容に無関係あるいは内容を超えた事柄、お尋ねの際に記述箇所を特定されないもの、読者固有の環境に起因する問題などのご質問にはお答えできません。資格・検定そのものや試験制度等に関する情報は、各運営団体へお問い合わせください。

また、著者・出版社のいずれも、本書のご利用に対して何らかの保証をするものではなく、本書をお使いの結果について責任を負いかねます。予めご了承ください。

本書の内容は、原則として令和 6 年（2024年）4 月 1 日現在の関係諸法令に準拠しています。また、全国健康保険協会管掌の健康保険における一般保険料率は、東京都の料率を表記しています。

はじめに

　給与計算は企業やそこに従事する社員のために重要かつ不可欠な業務であり、担当者は社会保険や税務知識、労務関係の法律など幅広い知識を要求されます。特に近年は、就業スタイルの多様化や業務の煩雑化などにより、労務トラブルに発展したケースも少なくありません。

　しかし、2013年時点において、経理業務に関して個別の指導書や参考書はありましたが、給与計算に集中して体系的にまとめたものはほとんどありませんでした。

　当財団では給与計算の知識について資格化することの意義を強く感じ、2014年より「給与計算実務能力検定®2級、1級」をスタートさせました。

　2級は給与計算の基本的な仕組みがしっかり身につくため、給与計算未経験者でも就労に役立つレベルになっており、また1級は複雑な制度やイレギュラーな給与体系にも対応可能、かつ年末調整の仕組みもマスターできる内容になっております。本書はその2級公式テキストです。

　2013年の刊行以来、本書は多くの受験者に愛読され、その反響を受けて、毎年の法改正情報を網羅した年度版改訂を行い現在に至ります。「給与計算実務能力検定®」は、今日までにのべ約40,000名の方々に受験いただいております。

　2019年4月には働き方改革を推し進めるための労働時間や年次有給休暇に関する制度の改正もスタートし、給与計算の対応能力がますます重要になっております。本書が皆様に有効利用されますことを祈念申し上げます。

2024年5月

内閣府認可　一般財団法人職業技能振興会

理事長　兵頭　大輔

給与計算実務能力検定2級公式テキスト
目次

第 1 章　給与計算とは

第 2 章　「勤怠項目欄」からわかる給与計算の仕組み

第3章 「支給項目欄」からわかる給与計算の仕組み

第4章 **「控除項目欄」からわかる**
給与計算の仕組み

第 **5** 章 　社会保険の事務手続

第 8 章 給与計算担当者が知っておきたい 社会保険制度

第9章 給与計算の演習問題

巻末付録

給与計算実務能力検定　試験の概要

●試験概要

試験区分	2級／1級		
試験日	2級：11月・3月（年2回）2024年11月24日（日）開催 　　　　　　　　　　　　　　2025年3月16日（日）予定 1級：11月（年1回）　　2024年11月24日（日）開催 ※3月開催は変更になる可能性があります。		
試験時間	全120分		
受験料	2級：8,000円　　1級：10,000円		
受験資格	2級・1級とも特になし		
試験形式	2級	知識問題35問（択一式）・計算問題5問（択一式）	
	1級	知識問題30問（択一式）・計算問題10問（記述式）	
合格基準	2級	出題問題のうち、7割以上得点獲得を合格基準とする。	
	1級	出題問題のうち、7割以上得点獲得かつ計算問題6割以上得点獲得を合格基準とする。	
出題科目	①給与計算業務に必要な基礎知識 ②給与計算実務に必要な法的知識（労働基準法等） ③演習問題（実際の給与計算、賞与計算等） ※2級は本書の内容から出題されます。 ※計算問題に必要な以下の資料は、試験時に「資料集」として提供します。（2023年度実績） 〇健康保険・厚生年金保険の保険料額表　〇給与所得の源泉徴収税額表（月額表） 〇雇用保険料率表　　　　　　　　　　　〇賞与に対する源泉徴収税額の算出率の表 〇退職所得控除額の計算の表（1級）　　〇課税退職所得金額の算式の表（1級） 〇退職所得の源泉徴収税額の速算表（1級） 〇年末調整等のための給与所得控除後の給与等の金額の表（1級） 〇生命保険料の控除額の計算式（1級）　〇地震保険料の控除額の計算式（1級） 〇配偶者控除及び配偶者特別控除額（1級）〇年末調整のための算出所得税額の速算表(1級) 〇扶養控除等の種類と控除額（1級） 〇扶養控除額及び障害者等の控除額の合計額の早見表（1級） ※資料集として提供する資料の名称及び種類が変更になる場合があります。 ※本試験は、試験実施月の前々月の1日に施行されている法令等により出題されます。		
級の区分	2級	実務上の基礎となる労務コンプライアンスについて正しく理解し、基本的な給与計算を行い、給与明細を作成できるレベル。一般職員として、年末調整以外の通常の給与計算と賞与の計算ができる。	
	1級	労働法令や税務についても正しく理解し、複雑な制度やイレギュラーな給与体系にも対応可能であり、また年末調整を含め、年間を通じて給与計算に関するすべての業務に精通したレベル。社会保険や税務等付随する手続を行うことができ、リーダーとして給与計算業務の管理ができる。	

※予告なく内容が変更になる場合があります。正確な情報は必ず受験要項にてご確認ください。

※本書の発行後、試験までに資料などの変更が発表された場合は、弊社HP「追加・訂正情報」にて掲載いたしますので、試験の事前に確認してください。

● 受験申込から合格発表までの流れ

詳細は一般財団法人職業技能振興会HPをご確認ください（https://fos.or.jp/）。

出　願（本検定はWEB出願を推奨しています）

①受験要項をご確認ください。

（入手方法）職業技能振興会HP［出願受付中の試験］から希望する級をクリック、［出願はこちら］のタブ内にある受験要項をクリックしてダウンロードしてください。

②受験要項およびFOSSY登録手順を必ずご一読のうえ、WEB出願システムFOSSYへ登録してください（https://fossy.link）。

（「FOSSY登録手順」は上記ページ内でダウンロードできます）

③顔写真データをご用意ください。

④出願手続してください（「FOSSY登録手順」を参照）。

受験料の支払方法は、クレジットカード決済または銀行振込よりお選びください（銀行振込の場合、振込手数料は受験者負担）。

※WEB出願が難しい場合、郵送での出願を受け付けます。受験料の支払方法は銀行振込のみです（振込手数料は受験者負担）。願書を事務局まで郵送ください。この場合は、受験票・合否結果発行手数料が別途かかります。

受験票

試験日の約2週間前頃より発行され、印刷可能となります。

FOSSYマイページよりご確認のうえ、印刷して試験当日ご持参ください。

※郵送で出願した方は、試験日の約2週間前頃より順次郵送されます。

試験当日

受験票、筆記用具、電卓を持参し、指定の会場で受験してください。

試験開始10分前から試験説明、問題配布を行い、定刻より開始します。

合否発表・認定登録

①試験実施後約6週間を目処に合否を判定し、結果を通知します。

WEB出願の場合は「FOSSY」のマイページをご確認ください。

※郵送での出願の場合は合否通知を郵送します。

②合格者には合否と併せて認定登録のご案内をいたします。資格をご利用の場合は、案内に沿ってお手続きください。

③認定登録手続きをした方には、後日認定証が郵送されます。申込期限および認定証の発送時期につきましては認定登録のご案内にてご確認ください。

〈振込先〉

三菱ＵＦＪ銀行　新宿中央支店　普通預金　口座番号3645186

ザイ）シヨクギヨウギノウシンコウカイ

〈問い合わせ先・願書提出先〉

一般財団法人職業技能振興会

〒106-0032　東京都港区六本木3-16-14　ＫＹビル4階

TEL：03-5545-5528　FAX：03-5545-5628

（土曜・日曜・祝祭日を除く10：00～13：30／14：30～18：00）

給与計算実務能力検定2級 試験問題例

●試験問題例

問1 ア～エのうち、賃金支払に関する記述として、誤っているものの組み合わせはA～Dのうちどれか。

ア　賃金は、直接労働者に支払わなければならず、仕事の仲介人や代理人に支払ってはならない。

イ　賃金は、いかなる場合でも通貨で支払わなければならず、小切手や、自社製品などの現物で支払うことはできないとされている。

ウ　賃金は、その全額を支払わなければならないが、労働組合又は労働者の過半数を代表する者との書面による協定がある場合はこの限りではない。

エ　賃金の支給日は、毎月1回のみにする必要がある。

A（アとイ）　　B（アとエ）　　C（イとウ）　　D（イとエ）

解答欄 ［　　　　］

問2 A～Dのうち、割増賃金と割増率に関する記述として、誤っているものはどれか。なお、本問においては、月60時間を超える時間外労働のことは考えなくてもよい。

A　週2日の休日を定める会社においてその2日とも労働させた場合、労働基準法上、休日労働について3割5分以上の率で計算した割増賃金の支払が必要とされるのは、そのうちの1日のみである。

B　ある社員に、法定休日に出勤させ、その日に10時間労働させた（深夜労働には及んでいないものとする）。この場合、その日の労働のうち、8時間を超える部分については、6割以上の率で計算した割増賃金を支払わなければならない。

C　割増賃金の計算の便宜上、1か月における時間外労働、法定休日労働及び深夜労働それぞれの時間数の合計に1時間未満の端数がある場合、30分未満の端数を切り捨て、それ以上を1時間に切り上げることは認められている。

D　所定労働時間が8時間の場合、9時間働いた人には9時間－8時間＝1時間については、通常支払う賃金の2割5分以上の率で計算した割増賃金を通常の1時間当たりの賃金に追加して支払わなければならない。

問3 A～Dのうち、就業規則と労働契約に関する記述として、正しいものはどれか。

A 労働者を使用するすべての事業場において、使用者は就業規則を作成し、届け出る必要がある。

B 使用者は、就業規則の作成又は変更について、その事業場に労働者の過半数で組織する労働組合がある場合にはその労働組合、労働者の過半数で組織する労働組合がない場合には労働者の過半数を代表する者の意見を聴かなければならない。

C 労働契約は、期間の定めのないものを除き、一定の事業の完了に必要な期間を定めるもののほかは2年（一定の場合には5年）を超える期間について締結してはならない。

D 使用者は、労働契約の締結の際に、労働者に対して、賃金、労働時間等の労働条件を明示する必要があり、就業場所や労働時間に関する事項のほか、昇給に関する事項も書面で明示する必要がある。

問4 A～Dのうち、社会保険の給付に関する記述として、誤っているものはどれか。

A 健康保険の傷病手当金は、通算して最大1年6か月、給付を受ける月以前の直近12か月間の各月の標準報酬月額の平均額の30分の1に3分の2を乗じた額に相当する金額が支給される。

B 雇用保険に加入し、会社員として働いていた期間が5年以上ある人が60歳到達時に比べて75％未満の賃金で再雇用された場合には、最大で給与の15％が高年齢雇用継続給付として支給される。

C 労災保険の業務災害により労働することができず会社を休んだ場合は、会社を休んだ日が連続して第4日目から休業補償給付が支給される。

D 厚生年金保険の保険給付には、老齢を支給事由とする老齢厚生年金のほか、障害を支給事由とする障害厚生年金や、加入者の死亡を支給事由とする遺族厚生年金もある。

給与計算実務能力検定２級　試験問題例

問5　A～Dのうち、下記の条件で求められる割増賃金として、正しいもの
　　　はどれか。

【条件】　○１日所定労働時間：８時間
　　　　　○賃金締め日：毎月末日
　　　　　○賃金支給日：翌月25日
　　　　　○給与：時間給1,600円
　　　　　○勤怠状況：11月１日（水）残業42分
　　　　　　　　　　　　11月９日（木）残業90分
　　　　　　　　　　　　11月10日（金）残業164分
　　　　　　　　　　　　11月14日（火）残業95分
　　　　　　　　　　　　11月17日（金）残業175分
　　　　　　　　　　　　11月19日（日）法定休日出勤490分
　　　　　　　　　　　　11月27日（月）残業240分、残業（深夜）60分

※残業時間を集計する場合は、深夜の時間を含めない

（単位：分）

日	時間外労働時間	深夜労働時間	法定休日労働時間
11月１日（水）			
11月９日（木）			
11月10日（金）			
11月14日（火）			
11月17日（金）			
11月19日（日）			
11月27日（月）			
合計時間			

※残業、深夜、法定休日出勤のそれぞれの時間数の合計の端数は、30分未満
　切捨て、30分以上１時間未満切上げ

A　44,080円　　　B　45,680円　　　C　47,680円　　　D　47,760円

解答欄 ☐

● 試験問題例の解答と解説

問1

正解　D（イとエ）

ア　○　賃金は、直接本人に支払う必要があります。

イ　×　労働協約に定めがある場合は、通貨以外のもので賃金を支払うことができます。

ウ　○　書面による協定があれば、会社が立て替えた購買代金などを給与から控除する（差し引く）ことができます。

エ　×　賃金は、毎月1回以上支払う必要があるとされ、支給日を同月中2回に分けることも可能です。

問2

正解　B

A　○　週2日の休日を定める会社の休日労働については、そのうちの1日（週1回の法定休日）について3割5分以上の割増賃金の支払が必要になります。

B　×　法定休日の労働が8時間を超えた場合でも、深夜業に及ばない限り、割増率は、3割5分以上の率で足りることとされています。

C　○　1か月における時間外労働、法定休日労働及び深夜労働それぞれの時間数の合計に1時間未満の端数がある場合には、30分未満の端数を切り捨て、30分以上の端数を1時間に切り上げることは認められています。

D　○　所定労働時間が8時間の場合、これを超える時間については、通常支払う賃金の2割5分以上の率で計算した割増賃金を支払わなければなりません。

$\boxed{問3}$

正解　B

A　×　常時10人以上の労働者を使用する事業場においては、使用者は就業
規則を作成し、届け出る必要があります。

B　○　使用者は、就業規則の作成又は変更について、労働組合又は労働者
の過半数を代表する者の意見を聴かなければなりません。

C　×　労働契約は、期間の定めのないものを除き、一定の事業の完了に必
要な期間を定めるもののほかは、3年（一定の場合には5年）を超
える期間について締結してはなりません。

D　×　使用者は、労働契約の締結について、労働者に対して、就業場所や
労働時間に関する事項は書面で明示する必要がありますが、昇給に
関する事項については、必ずしも書面で明示する必要はありません。

$\boxed{問4}$

正解　C

A　○　健康保険の傷病手当金は、私傷病により労務不能である場合に通算
して最大1年6か月、給付を受ける月以前の直近12か月間の各月の
標準報酬月額を平均した額の30分の1に3分の2を乗じた額に相当
する金額が支給されます。

B　○　60歳到達時に比べて75％未満の賃金で再雇用された場合には、最大
で給与の15％が高年齢雇用継続給付として支給されます。

C　×　労働することができず会社を休んだ場合は、会社を休んだ日が通算
して第4日目から休業補償給付が支給されます。

D　○　厚生年金保険の保険給付には、老齢厚生年金のはか、障害厚生年金
や遺族厚生年金もあります。

[問5]

正解　R　45,680円

　勤怠状況より、時間外・深夜・法定休日の労働時間数を求め、それぞれの
割増賃金を計算します。

（単位：分）

日	時間外労働時間	深夜労働時間	法定休日労働時間
11月 1日（水）	42		
11月 9日（木）	90		
11月10日（金）	164		
11月14日（火）	95		
11月17日（金）	175		
11月19日（日）			490
11月27日（月）	240	60	
合計時間	806	60	490

〈時間外労働手当〉

806分 ÷ 60分　→13時間26分　※30分未満切捨て　→13時間

1,600円 × 1.25 × 13時間 = 26,000円

〈深夜労働手当〉

60分　→1時間

1,600円 × 1.5 × 1時間 = 2,400円

〈法定休日労働手当〉

490分 ÷ 60分　→8時間10分　※30分未満切捨て　→8時間

1,600円 × 1.35 × 8時間 = 17,280円

〈割増賃金合計〉

26,000円 + 2,400円 + 17,280円 = 45,680円

！ 重要な制度改正のまとめ

1 時間外労働の上限規制の適用猶予事業・業務への適用

　平成31年〔2019年〕4月（中小事業主は翌年4月）から、**時間外労働の上限規制**が適用されていますが、次の事業・業務（**旧：適用猶予事業・業務**）については、業務の特性や取引慣行の課題があることから、その適用が5年間猶予されていました。

旧：適用猶予事業・業務	・建設の事業　　　　　　・自動車運転の業務 ・医業に従事する医師　　・鹿児島県などの砂糖製造事業

　この猶予期間が、令和6年〔2024年〕3月末をもって終了しました。
　令和6年4月からは、**旧：適用猶予事業・業務**についても、**一定の特例**を設けたうえで、**時間外労働の上限規制が適用される**ことになりました。
〈猶予期間終了後の取扱い（令和6年4月1日〜）〉

建設の事業	**災害の復旧・復興の事業を除き、一般の事業に適用されている時間外労働の上限規制がすべて適用される** ☐　災害の復旧・復興の事業に関しては、時間外労働と休日労働の合計について、「月100時間未満」、「2〜6か月平均80時間以内」とする規制は**適用されない**
自動車運転の業務	**基本的には、一般の事業に適用されている時間外労働の上限規制が適用される。ただし、次の点は異なる** ☐　特別条項付き36協定を締結する場合の年間の時間外労働の上限が**年960時間**とされる ☐　時間外労働と休日労働の合計について、「月100時間未満」、「2〜6か月平均80時間以内」とする規制は**適用されない** ☐　時間外労働が月45時間を超えることができるのは年6か月までとする規制は**適用されない**
医業に従事する医師	一般の事業に適用されている時間外労働の上限規制を医療法や関係省令などで修正した内容が適用される（詳細は省略）
一定の砂糖製造事業	一般の事業に適用されている時間外労働の上限規制がすべて適用される

2 労働条件の明示のルールの見直し

　使用者（会社）は、労働契約の締結時（有期労働契約の更新時を含む）に、労働者（社員）に対し、一定の労働条件を明示しなければなりません。

　その明示事項が、令和6年4月1日施行の労働基準法の施行規則及び雇止めに関する基準の改正により、次のように見直されました。

対象	明示のタイミング	追加された明示事項
すべての労働者	すべての労働契約の締結時と有期労働契約の更新時	① 就業場所・従事すべき業務の**変更の範囲**
有期契約労働者	有期労働契約の締結時と更新時	② 更新上限（有期労働契約の**通算契約期間又は更新回数の上限**）（定めがある場合） ＋ 更新に際し、更新上限を新設又は引き下げようとするときは、あらかじめ、その理由を説明することも必要
	無期転換申込権が発生する有期労働契約の更新時	③ **無期転換申込みに関する事項** ④ **無期転換後の労働条件** ＋ 無期転換後の労働条件を決定するに当たり、他の正社員等との均衡を考慮した事項の説明に努めることも必要

（注）上記①～③及び④の一部は、書面の交付等による明示が必要。

確認　**無期転換**

　同一の使用者との間で有期労働契約が繰り返し更新され、それを通算した契約期間（「通算契約期間」といいます）が5年を超えたときは、**無期転換申込権**が発生します。有期契約労働者がこの権利を行使し、使用者に対し**無期転換申込み**をしたときは、期間の定めのない労働契約（無期労働契約）に転換されます。

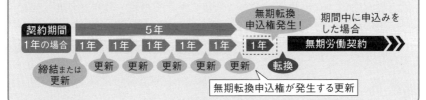

〈補足〉無期転換申込権が発生しても、無期転換申込みをせずに、それまでと同様に、有期労働契約のままで更新することも可能です（その場合、次回以降の更新は、「無期転換申込権が発生する更新」となります）。

3 社会保険・労働保険の保険料率の変更

　健康保険（協会けんぽ）の保険料率に変更があります。整理すると次のとおりです。

令和6年3月〔原則翌月納付分〕～
▼

健康保険	最低93.3／1000～最高105.1／1000 例）東京都100.0／1000 介護第2号は一律18.2／1000をプラス	最低93.5／1000～最高104.2／1000 例）東京都99.8／1000 介護第2号は一律16.0／1000をプラス
厚生年金保険	183／1000 （段階的に引き上げられてきましたが、平成29年9月に上限に到達。以後は固定）	
雇用保険	15.5／1000〔一般の事業〕 （うち、被保険者負担分は6／1000）	

令和6年4月～
▲　　　　　　　　　　　　　　　　　　　　　　　　　▲

時の経過 ──────────────────────────────→

（注1）健康保険と厚生年金保険の保険料は、労使折半で負担（上記の率の2分の1が被保険者負担分）。

（注2）健康保険における介護第2号とは、介護保険第2号被保険者のことで、この者については、介護保険料率の分の保険料がプラスされます。

〈補足〉労災保険の保険料率については、令和6年4月から改定が行われました（全業種平均で0.1／1000引き下げ）。

〈補足〉雇用保険料率、子ども・子育て拠出金率は、今年度においては改定なしです。

┌─〈参考〉─────────────────────────────┐

　給与計算にも関係してくる企業実務として、次のような臨時的な措置が適用されることになっています。
□　社会保険関係／年収の壁への対応（令和5年10月から当面適用）
□　税制関係／定額減税の実施（令和6年分所得税・令和6年度分住民税に適用）
　これらの臨時的な措置については、給与計算実務能力検定の試験範囲には含めないこととされています。
　なお、これらの臨時的な措置は、実務の上では非常に重要であるため、次ページから参考として、その概要を紹介します。

└───────────────────────────────────┘

実務において重要な臨時的な措置

1 社会保険関係／「年収の壁」への対応

　健康保険及び厚生年金保険においては、会社員の配偶者などで一定の収入がない場合、被扶養者（国民年金の第3号被保険者）として、社会保険料の負担が発生しません。ただし、収入が増加して一定の収入を超えると、社会保険料の負担が発生します。

　その社会保険料の負担が発生する収入基準が、いわゆる「年収の壁（106万円の壁・130万円の壁）」です。

「106万円の壁」のポイント
□ 特定適用事業所（被保険者数101人以上〔令和6年10月からは51人以上〕の規模の事業所）又は任意特定適用事業所に勤務する方が、健康保険・厚生年金保険の被保険者になるかどうかの基準。
□ パート・アルバイトなどであっても、週所定労働時間が20時間以上などの要件を満たし、所定の方法で算定した賃金の月額が8.8万円以上である場合には、"被保険者になる（＝健康保険・厚生年金保険の保険料が発生）"ということになります。 （8.8万円×12か月＝105.6万円であることから、一般的に「106万円の壁」と呼ばれています）

「130万円の壁」のポイント
□ 会社員などの配偶者を含む一定の家族が健康保険の被扶養者になるかどうか、また、会社員などの配偶者（20歳以上60歳未満）が国民年金の第3号被保険者になるかどうかの基準（ただし、本人が特定適用事業所等で被保険者となっている場合を除きます）。
□ パート・アルバイトなどで収入があり、年収が130万円以上である場合には、"被扶養者・第3号被保険者になれない（＝本人が加入することとなる医療・年金制度の保険料が発生)"ということになります。 （注）60歳以上の方又は一定の障害がある方の場合、「130万円」を「180万円」と読み替えます。

　政府は、人手不足への対応が急務となる中で、これらの年収の壁を意識せずに働くことができる環境づくりを後押しするため、次期年金制度改正が施行されるまでの**当面の対応**として、令和5年10月から、次の

ような措置を講ずることにしました。

1 「106万円の壁」への対応

　パート・アルバイトなどで働く方の健康保険・厚生年金保険への加入に合わせて、**手取り収入を減らさないための取組***を実施する企業に対し、加入者1人当たり最大50万円の支援〔**キャリアアップ助成金（社会保険適用時処遇改善コース）の支給等**〕をすることとされました。

*手取り収入を減らさないための取組
　・**社会保険適用促進手当の支給**（社会保険料の算定対象外）
　・**賃上げによる基本給の増額、所定労働時間の延長**

◆例示：年収が104万円から106万円にUPし、被保険者となり、事業主が社会保険適用促進手当（下の図では手当）を支給したケース◆

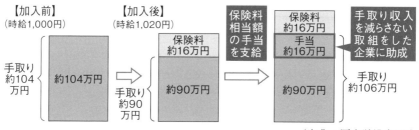

（出典：厚生労働省HP）

注 目　社会保険適用促進手当とは？

社会保険適用促進手当は	□ **事業主（会社）が、労働者（社員）の保険料負担を軽減するために支給するもの**（政府が支給するものではない）。
	□ **社会保険料（健康保険料・厚生年金保険料）の対象とならない。**＝標準報酬月額・標準賞与額に算入しない。
	□ 所得税・住民税、労働保険料の対象にはなる。＝給与等の一部として、通常の取扱い。

2 「130万円の壁」への対応

　扶養の認定を受け、健康保険の被扶養者・国民年金の第3号被保険者である方が、繁忙期に労働時間を延長したことなどにより、**収入が一時的に上がった**としても、**事業主（会社）が「一時的に収入が上がった」ことを証明**すれば、**扶養の認定を継続する**ことが可能とされました。

◆例示：毎月10万円で働く被扶養者である方が、残業により一時的に
収入増となったケース◆

（出典：首相官邸HP）

注 目　手続は？

この措置 を受ける ためには	☐	健康保険の被扶養者・国民年金の第3号被保険者である方が、ご 自身の職場から一時的に収入が増加した旨の証明をもらい、その 扶養者の方（被保険者である方）が、職場における被扶養者の収 入の確認時に、その証明を提出する必要があります。

「年収の壁」への対応の詳しい内容は、こちらで確認できます。
☐　厚労省HP：年収の壁・支援強化パッケージの特設サイト
　　　　　（本書発刊時点）

2　税制関係／定額減税の実施

　令和6年度の税制改正で、令和6年分所得税・令和6年度分住民税に
ついて、次の額を、本来の税額から控除する「定額減税」を実施するこ
ととされました。

所得税の定額 減税の額	本人分の3万円＋同一生計配偶者・扶養親族1人につき3万円
住民税の定額 減税の額	本人分の1万円＋控除対象配偶者・扶養親族1人につき1万円 〈補足〉控除対象配偶者を除く同一生計配偶者については、令和 　　　　7年度分住民税（所得割）の額から、1万円を控除する。

（注）定額減税を受ける本人の合計所得金額は1,805万円以下であることが必要。
　　　また、本人及び定額減税額の計算の基礎となる配偶者・家族は、居住者（住
　　　民税の定額減税については、国内に住所を有する者）に限ります。

〈補足〉同一生計配偶者・控除対象配偶者、扶養親族のいずれも、合計所得金額は
　　　　48万円以下であることが条件なので、合計所得金額が48万円を超える配偶
　　　　者・家族は、定額減税額の計算の基礎に含まれないことになります。

1 所得税の定額減税

　給与所得者（社員）に対する所得税の定額減税は、次のように、給与等の支払者（会社）において行うこととされました。

> 　令和6年においては、会社は、社員の所得税について、「給与所得者の扶養控除等（異動）申告書（以下、「扶養控除等申告書」）」を提出している者に対して、次の2つの事務を行うことになりました。
> ①月次減税事務……令和6年6月1日以後に支払う給与等（賞与を含む）に対する源泉徴収税額から、その時点の定額減税額を控除する事務
> 　　　　　　　　（注）合計所得金額が1,805万円を超える見込みの者についても、月次減税事務は実施する。
> ②年調減税事務……年末調整の際、年末調整時点の定額減税額に基づき精算を行う事務

◆月次減税事務と年調減税事務のイメージ◆

（注）月次減税事務について、一度で定額減税額を控除しきれないときは、その後に支払う給与等に係る源泉徴収税額から順次控除します。　（出典：国税庁の資料）

〈月次減税事務のポイント・留意点〉

①定額減税額は、「本人分の3万円＋同一生計配偶者・扶養親族1人につき3万円」ですが、**月次減税事務の時点における定額減税額（月次減税額）の計算のための人数は、次のように判断します。**

> □　**同一生計配偶者と扶養親族の人数は、基本的には、扶養控除等申告書**から判断します。
> 　（注1）　いずれも居住者である者に限ります。
> 　（注2）　扶養親族には、16歳未満の者も含みます（住民税に関する事項から判断可能）。

□　扶養控除等申告書に記載されていない同一生計配偶者や扶養親族については、最初の月次減税事務を行うときまでに、定額減税の対象者（社員）から「**源泉徴収に係る定額減税のための申告書 兼 年末調整に係る定額減税のための申告書**」の提出を受けることで、月次減税額の計算のための人数に含めることができます。

　　〈補足〉扶養控除等申告書に記載していない同一生計配偶者のケースとしては、本人の合計所得金額が900万円を超えると見込まれるため、扶養控除等申告書に源泉控除対象配偶者として記載していない場合を想定。

□　月次減税額は、最初の月次減税事務までに提出された扶養控除等申告書などにより判断した、その提出日の現況における「同一生計配偶者と扶養親族の人数」によって決定しますので、その後「同一生計配偶者と扶養親族の人数」に異動等があった場合には、年末調整又は確定申告で調整することになり、月次減税額を再計算することはありません。

◆源泉徴収に係る定額減税のための申告書 兼 年末調整に係る定額減税のための申告書◆

2　住民税の定額減税

　給与所得者に対する住民税の定額減税は、次のように実施されます。

> ①　特別徴収義務者（会社）は、令和6年6月に給与の支払をする際は、特別徴収を行わず、定額減税額を控除した後の住民税の額の11分の1の額を、令和6年7月から令和7年5月まで、それぞれの給与の支払をする際に毎月徴収。
>
> ②　地方公共団体は、令和6年度分の給与所得に係る住民税の特別徴収税額通知(書)（納税義務者用）に控除した額などを記載。
>
> ③　住民税における令和6年度分の定額減税額は、「本人分の1万円＋**控除対象**配偶者・扶養親族1人につき1万円」（いずれも国内に住所を有する者に限る）ですが、その合計額がその者の所得割の額を超える場合には、所得割の額が限度。
>
> 　〈補足〉控除対象配偶者を除く同一生計配偶者については、令和7年度分の所得割の額から、1万円を控除する。
>
> ④　特別徴収義務者は、令和6年分の給与支払報告書の摘要の欄に所得税額から控除した額などを記載（給与所得の源泉徴収票の記載内容と同様）。

(注)　令和5年分の合計所得金額が1,805万円を超える者など、定額減税が適用されない者にあっては、本来の徴収方法によります。

◆給与所得者に対する住民税の定額減税のイメージ◆

　令和6年6月分は徴収せず、「定額減税 **"後"** の税額」を、令和6年7月分〜令和7年5月分の11か月でならす。

ポイント　住民税の定額減税については、所得税の定額減税とは異なり、会社において計算を行う必要はありません（令和6年5月中に送付される「特別徴収税額通知（書）」にしたがって、特別徴収を行います）。

「定額減税の実施」の詳しい内容はこちらで確認できます。
□　国税庁HP：定額減税特設サイト（本書発刊時点）

第 1 章

給与計算とは

1 給与計算をしてみよう

1 給与計算の重要性

（1）給与計算は間違いが許されない

　会社で働く人には、毎月、給与を支払います。そして、給与明細書を渡します。なぜ、毎月支払うのでしょうか。給与明細書は、必ず渡さなければならないのでしょうか。

　また、毎月の給与といっても、25日払いの会社もあれば15日払いの会社もあります。給与の支払日は、どうやって決まるのでしょうか。

　会社で働く人にとって、給与は毎月の生活を支える重要なものです。その給与の計算を間違えたら……。その給与の支払を期日どおりにできなかったら……。働く人にとってはもちろん、会社にとっても大問題になりかねません。「サービス残業」や「名ばかり管理職」、「ブラック企業」といったネガティブなイメージを連想させる言葉を耳にすることがありますが、その問題のほぼすべてに、給与の支払が関係しているのです。

　そして給与からは社会保険料や税金が差し引かれます。

　給与から差し引かれる社会保険料には健康保険料・介護保険料・厚生年金保険料・雇用保険料があり、その金額は人により異なります。これらの保険について給与計算担当者は、法律に沿って手続を行い、それに基づいて給与から正しい社会保険料を控除していく必要があります。

　また、正しい給与計算を行っていないことで、将来の年金額が変わってくることもあります。万一失業したときに受け取る失業給付の金額も誤ったものになる可能性もあります。

　さらに、各保険料率の改定は近年頻繁に行われるため、給与から控除する保険料もそのたびに変わります。

　時には保険制度の仕組み自体も変わることがあります。給与計算担当者はこうした法改正を常に把握し、正しく手続を行うとともに給与計算

に反映していかなければならないのです。

　働き方の多様化や労働時間管理の厳格化等により、社会保険料や所得税などの税金に関する法律知識だけでなく、もっと広く労働関係に関する法律知識が必要とされる時代になってきました。つまり、給与計算担当者には、法律をはじめとしたルールに沿って計算するという、コンプライアンス（法令遵守）が要求されているのです。

　これが、給与計算が重要であるという1番目の理由です。

（2）給与計算は国の事務を代行している

　給与計算は会社の諸規定と法律に基づいた支給金額から、所得税・住民税といった税金や健康保険・介護保険・厚生年金保険・雇用保険といった社会保険料などを控除して各社員の差引支給額（一般的に「手取り額」といいます）を計算する過程の事務作業です。

　税金や社会保険料は所得税法や健康保険法・介護保険法・厚生年金保険法といったそれぞれの法律で、会社が給与を支払う場合に強制的に徴収（**源泉徴収**）する決まりになっています。つまり、国の税金や社会保険料の徴収事務を**会社が一部負担して行っている**ことになります。

　例えば、給与計算の過程で所得税の計算をします。この所得税の納付は、給与支払月の翌月10日までとなっています。納付期日までに納付しなければ、納付額に対して延滞税が発生します。納付額が大きいと延滞税も大きくなり、会社は多大な損害を受けることにもなります。

　よく起きるのは、計算を間違えて少なく納めるケースです。この場合、本来納めなければならない金額との差額に対して、延滞金が発生することになります。このため、給与計算担当者には、数字を正確に計算することが要求されます。

　これが、給与計算が重要であるという2番目の理由です。

　まず、事例を使って給与計算をしてみましょう。

　検定一郎さんは協会けんぽ（第４章第２節参照）に加入する東京都内の会社（一般）に勤務する会社員で、45歳です。扶養家族は３人です。妻は42歳で、子どもは２人、16歳と19歳の男の子です。

　検定一郎さんの給与は、基本給32万円、役職手当４万５千円、家族手当１万８千円、住宅手当２万５千円です。電車通勤で会社に通っていて、月の定期代が１万１千円支給されています。

〈給与計算に必要な情報〉

検定一郎　　　　　　45歳	基本給	320,000円
控除対象扶養人数　　　３人	役職手当	45,000円
標準報酬月額　　410,000円	家族手当	18,000円
	住宅手当	25,000円
	通勤手当	11,000円
		（１か月分・公共交通機関）

〈給与明細書〉　　　　　　　　　　　　（単位：円）

項目		金額
支給項目	基本給	320,000
	役職手当	45,000
	家族手当	18,000
	住宅手当	25,000
	時間外労働手当	－
	深夜労働手当	－
	法定休日労働手当	－
	代休割増手当	－
	非課税通勤手当	11,000
	課税通勤手当	－
	課税支給額	408,000
	非課税支給額	11,000
	総支給額	419,000
控除項目	健康保険料・介護保険料	①
	厚生年金保険料	②
	雇用保険料	③
	社会保険料合計	④
	課税対象額	⑤
	所得税	⑥
	住民税	－
	控除額合計	⑦
差引支給額		⑧

　住民税は考えず、残業はしなかったとして、給与計算をしてみましょう。計算の方法がわかる人は、巻末付録を参考に数字を前ページの〈給与明細書〉の①～⑧に記入してください。

　わからない人は、おおよそいくらかを考えてみてください。

　さて、差引支給額はいくらになりましたか。正解は、この章の最後（P.11）に載っていますが、差引支給額は35万円程度です。社会保険料と税金の控除額が思ったよりも多いと感じるのではないでしょうか。

2 給与計算の3ステップ

　給与計算では、大きく3つのステップを踏みます。

　1つ目は「勤怠項目」の確認です。この事例では、残業はしなかったことになっていますが、残業（時間外労働）や法定休日労働、また、欠勤や遅刻・早退などが支給額にどのように結びついていくのか、といった仕組みの理解が必要になります（詳しくは、第2章で説明します）。

　2つ目は「支給項目」の計算です。勤怠データに基づいて、残業手当などを加算して支給することになります（詳しくは、第3章で説明します）。

　3つ目は「控除項目」の計算です。健康保険・厚生年金保険などの社会保険料と、所得税・住民税などの税金といった控除項目を、給与から差し引くことになります（詳しくは、第4章で説明します）。

　3つのステップについては、第2章以降で学習していきます。さらに、給与計算担当者として知っておきたい法律や社会保険制度についても、第7章以降で学習していきます。

2 給与計算に関する知識を チェックしよう

1 給与計算に必要な周辺知識

　「サービス残業」「名ばかり管理職」「ブラック企業」と呼ばれる問題が起きていることは、第1節で触れました。これらの問題を防止する第一歩として、給与計算の意味・手順・ルールを正しく理解することがあげられます。

　さて、皆さんは、給与計算についてどれくらいの知識があるでしょうか。ここで、実務で間違えられていることの多い給与計算と、よく誤解する給与計算の周辺知識（法律・制度）について、クイズ形式で確認してみましょう。

　次ページのクイズに○×で答えてみてください。

クイズ

Q1 毎日の残業時間は、給与計算が簡単に済むように一定の処理方法が認められており、15分未満は切り捨てることができる。

Q2 所定労働時間が8時間の場合、10時間働いた人には、残業の2時間については通常支払う賃金の2割以上の率で計算した割増賃金を上乗せして支払わなければならない。
（※）法定休日・深夜の労働ではないものとする。

Q3 年次有給休暇は、10人未満の会社では制度として設ける必要がない。

Q4 10か月の期間契約の社員に対しては、年次有給休暇は発生しない。

Q5 給与は、毎月支払わなければならないという定めはなく、年俸制を採用している場合は、2か月に1回の支払でもよい。

Q6 年末調整で税金を精算するか、自分で確定申告するかは、社員が選ぶことができる。

Q7 正社員の所定労働時間が週40時間の会社では、30時間勤務で働くパートタイマーが健康保険や厚生年金保険といった社会保険に加入するかしないかは、パートタイマー本人の希望による。

Q8 新幹線通勤での通勤費は実費に相当するため、月20万円であっても全額非課税となる。

Q9 介護保険料は、年齢に関係なく働いている社員全員が納めなければならない。

Q10 取締役や社長などの役員は雇用保険に加入できるが、健康保険や厚生年金保険には加入できない。

Q11 健康保険は、業務と関係があるけがや病気をした場合にも支給される保険である。

Q12 健康保険の加入者が病院で支払う一部負担金の割合は、医療費の1割である。

答えはわかりましたか。それでは、解答と解説を見てみましょう。

解答と解説

A 1 ✕

　毎日の残業時間は、<u>1分単位</u>で計算しなければなりません。15分未満を切り捨てることや、30時間上限で打ち切るなどの処理はできません。なお、ただ1つ認められている残業時間の端数処理のルールがあります。詳しくは第2章第5節で説明します。

☞ **1日の残業時間を15分未満切り捨てるなどの処理は違法です。**

A 2 ✕

　所定労働時間が8時間の場合、10時間働いた人には、残業の2時間については通常支払う賃金の<u>2割5分以上</u>の率で計算した割増賃金を上乗せして支払わなければなりません。

☞ **2割5分以上ということから2割の率で計算するのは法律を下回るので違法ですが、例えば3割の率で計算することは認められます。**

A 3 ✕

　年次有給休暇は、10人未満の会社でも与えなければなりません。労働基準法による<u>当然の権利として発生</u>します。

A 4 ✕

　年次有給休暇は、6か月継続勤務して8割以上の出勤率を満たせば、10か月の期間契約の社員に対しても<u>発生</u>します。

A 5 ✕

　給与は毎月支払わなければなりません。年俸制を採用している場合も、2か月に1回の支払などは認められず、<u>毎月支払う必要があります</u>。

A 6 ✕

　社員は、基本的には年末調整で税金を精算する必要があり、一定の場合を除き、自分で確定申告する必要はありません。毎月の給与から差し引かれる税金は、仮のものであり、12月の給与の支払後に年末調整で

所得税額を確定します。

> ☞ 12月の給与の支払により1年間の所得が確定します。その1年間の所得に基づいて税金を確定させる作業が年末調整です。

A 7 ✕

正社員の所定労働時間が週40時間の会社では、週30時間勤務で働くパートタイマーの健康保険や厚生年金保険といった社会保険は、<u>強制加入</u>になります^(※)。なお、労災保険は、労働時間に関係なく強制加入です。また、雇用保険は、週20時間以上勤務する人に適用され強制加入となります。

(※) 従業員数101人以上の会社で週20時間以上勤務するパート・アルバイト等で一定の要件を満たす場合は、健康保険や厚生年金への加入が義務付けられています。

A 8 ✕

一定額（電車やバスなどの公共交通機関だけを利用している人は、1か月当たり15万円）までの通勤・交通費は非課税です。しかし、新幹線を利用した場合などで一定額を超える高額の通勤・交通費は、<u>超えた分については課税対象</u>となります。

A 9 ✕

介護保険料は、<u>40歳以上65歳未満の人</u>が納めることになっています。

A10 ✕

取締役や社長などの役員は、基本的に雇用保険には<u>加入できません</u>。これに対して、健康保険や厚生年金保険には、取締役や社長などの役員も<u>加入できます</u>。

A11 ✕

健康保険は、労災保険とは異なり、<u>業務と関係がない</u>けがや病気をした場合に支給される保険です。

> ☞ 労災保険は、業務と関係するけがや病気をした場合に給付を行うことを目的とした保険です。

2 給与計算担当者に必要となるプラスアルファの知識

1 のクイズの結果はいかがでしたか。設問の答えはすべて「✕」です。知らなかった、誤解をしていた、ということもあったのではないでしょうか。

給与計算担当者は、社員から、年金や健康保険の給付などについて問い合わせを受けることもあります。社会保険関係の給付について、詳細まで勉強する必要はありませんが、最低限の知識は身につけておくべきです。

担当者が制度を知らなかったために、社員が当然受けられるはずであった給付が受けられないといった事態にもなりかねません。単なる給与計算方法だけでなく、周辺知識もあわせて理解しておくことで、はじめて一人前の給与計算担当者といえます。

第2章以降で、しっかりと学習していきましょう。

解　答

4〜5ページの事例の解答は、次のとおりです。

〈給与計算に必要な情報〉

検定一郎	45歳	基本給	320,000円
控除対象扶養人数	3人	役職手当	45,000円
標準報酬月額	410,000円	家族手当	18,000円
		住宅手当	25,000円
		通勤手当	11,000円
			（1か月分・公共交通機関）

〈給与明細書〉　　　　　　　　　　　　（単位：円）

	項目		金額
支給項目	基本給		320,000
	役職手当		45,000
	家族手当		18,000
	住宅手当		25,000
	時間外労働手当		－
	深夜労働手当		－
	法定休日労働手当		－
	代休割増手当		－
	非課税通勤手当		11,000
	課税通勤手当		－
	課税支給額		408,000
	非課税支給額		11,000
	総支給額		419,000
控除項目	健康保険料・介護保険料	①	23,739
	厚生年金保険料	②	37,515
	雇用保険料	③	2,514
	社会保険料合計	④	63,768
	課税対象額	⑤	344,232
	所得税	⑥	5,350
	住民税		－
	控除額合計	⑦	69,118
差引支給額		⑧	349,882

「勤怠項目欄」からわかる
給与計算の仕組み

1 給与明細書の「勤怠項目欄」

1 勤怠とは

「勤怠」という言葉を辞書で調べると「出勤と欠勤」と表されています。給与明細書の勤怠欄では、出勤した日数と休んだ日数の他に、実際に働いた労働時間数や遅刻早退等、給与支給月分における労働者個人の労働に関するデータを記載します。

【給与明細書の例】

給与明細書　　　2024 年 4 月分
000-000　0001　明細　太郎　様

	要出勤日数	出勤日数	労働時間	欠勤日数	休日出勤日数	年休	年休残日数		
勤怠	20.00	20.00	160:00	0.00	1.0	0.00	20.00		
	普通残業時間	60H超残業時間	深夜残業時間	休日勤務時間	休日深夜時間	遅刻早退回数	遅刻早退時間		
	14:15	0:00	0:00	8:00	0:00	0.00	0:00		

	基本給	役職手当	家族手当	住宅手当					
	340,000	20,000	20,000	30,000					
支給									
	普通残業手当	60H超残業手当	深夜残業手当						
	39,375	0	0						
	休日勤務手当	休日深夜手当	非課税通勤	課税通勤	遅刻早退控除	欠勤控除	課税合計	非課税合計	総支給額合計
	24,300	0	12,000	0	0	0	473,675	12,000	485,675
	健康保険	介護保険	厚生年金	雇用保険	社会保険調整	社会保険合計	課税対象額		
	23,453	3,760	43,005	2,914	0	73,132	400,543		
控除	所得税	住民税	税調整						
	10,040	26,700	0						
	生命保険	財形貯蓄						控除計	控除合計
	0	0						36,740	109,872
記事									差引支給額
									375,803

次ページより、給与明細書の記載欄をもとにそれぞれの項目について説明します。

2 給与明細書の記載欄

（1）要出勤日数

　典型的な給与明細書には、その月の「要出勤日数」の記載欄があります。これは、**労働契約に基づいて、出勤して働かなければならない日数**のことです。具体的な日数は、就業規則などに定められています。

　「出勤日数」は、**実際に出勤した日数**です。「欠勤日数」は、**本来は出勤して働かなければならないのに、出勤しなかった日数**です。

　多くの会社では、月単位で賃金を定める月給制を採用していますが、会社によっては、欠勤や遅刻及び早退など（不就労部分）があれば、「**ノーワーク・ノーペイの原則**（第3章第4節参照）」により、不就労部分の賃金を**欠勤控除**として差し引く旨を、賃金規程などで定めているところもあります。一方、欠勤控除や遅刻早退控除をしない会社もあります。つまり、給与の支払形態は、ノーワーク・ノーペイの原則を採用するものと採用しないものとに分けることができます。

　ノーワーク・ノーペイを採用する支払形態を**日給月給制**といい、ノーワーク・ノーペイを採用しない支払形態を**完全月給制**といいます。

（2）休日出勤日数

　給与明細書上、「休日出勤日数」は、法定休日の割増の計算に必要なデータとして区別されます。

　「年休」は、年次有給休暇の略です。年次有給休暇は、働く人に認められた権利です。年次有給休暇の取得日数と残日数を管理するタイプの給与明細書もあります。下記の給与明細書の「勤怠項目欄」の記入例は、取得日数と残日数を管理するタイプのものです。年次有給休暇の管理は、重要な実務処理の1つです。

【勤怠項目欄の記入例】

	要出勤日数	出勤日数	労働時間	欠勤日数	休日出勤日数	年休	年休残日数		
勤怠	20.00	20.00	160:00	0.00	1.0	0.00	20.00		
	普通残業時間	60H超残業時間	深夜残業時間	休日勤務時間	休日深夜時間	遅刻早退回数	遅刻早退時間		
	14:15	0:00	0:00	8:00	0:00	0.00	0:00		

（3）労働時間と時間外・休日勤務時間

　「労働時間」は、**要出勤日数のうち実際に働いた労働時間**の合計です。

　残業（時間外・休日勤務時間）は、「普通残業時間」「60Ｈ超残業時間」「深夜残業時間」「休日勤務時間」「休日深夜時間」と細分化して表示します。

　「休日勤務時間」とは、**労働基準法で週１日以上は確保しなければならないと義務付けられている休日**（法定休日といいます）に働いた際の**労働時間**のことです。「休日深夜時間（法定休日深夜時間）」とは、**法定休日出勤した際の深夜の労働を行った時間**となります。

　このように細分化されているのは、**割増賃金の率が異なる**ことが大きな理由です。細分化することにより、給与計算上の確認もとりやすくなります。

（4）遅刻早退時間

　「遅刻早退時間」の欄には、**遅刻や早退した時間**の合計が記載されます。遅刻や早退をした時間分の賃金は、ノーワーク・ノーペイの原則からは控除するのが基本です。ただし、あくまで基本であり、会社によって法律を上回る扱いを取り決めることもできます。

3 給与の締め日と支払日

　給与計算は、一定の期間ごとに行います。この一定の期間のことを**給与の計算期間**といい、一給与計算期間の最後の日を**締め日**といいます。給与は、決まった日に支払います。この決まった日のことを**支払日**（支給日ということもあります）といいます。給与の締め日・支払日は、会社それぞれで定めますが、就業規則又は賃金規程に明示しなければなりません。

　以下、締め日・支払日について、25日払いの例で説明します。

【締め日・支払日の例】

①月末締め・当月25日払い	→ 1日から末日までの分を、当月25日に支払う。
②月末締め・翌月25日払い	→ 1日から末日までの分を、翌月25日に支払う。
③15日締め・当月25日払い	→前月16日から当月15日までの分を、当月25日に支払う。

　上記の例のうち、②月末締め・翌月25日払いと、③15日締め・当月25日払いの場合のように、基本給や毎月定額の手当などの固定部分と、残業代などの勤怠による変動部分との支払時期が一致しているのが一般的です。

　一方、①月末締め・当月25日払いの場合は、毎月26日から末日までは、まだ社員が労働していない分であり、給与を先払いすることになります。残業代などの勤怠による変動部分については、将来発生することであり、予測できないため、翌月に計算して、翌月の固定部分と一緒に支払います。

毎月の給与計算と給与支払に関するルール

1 毎月の給与計算・給与支払の流れ

まず、毎月の給与計算・給与支払の手順を確認しておきましょう。

給与の締め日まで	●勤怠管理に必要な情報を収集します。 ・入社情報、退職情報、結婚等による氏名や扶養人数の変更、異動、転居、などの人事情報。 ・基本給や諸手当、標準報酬月額等を確認。 ●収集・整理した情報を登録し、給与計算の準備をします。
給与計算	●支払う期間の勤怠情報を集計します。 出勤簿や勤怠管理システム等により労働時間や出勤日数を確認します。打刻漏れや2回打刻されている場合もありますので、誤りがあれば修正し、実際の時間を確認する必要があります。 ●勤怠情報の整理後、給与計算を行います。 支給項目の計算、次に控除項目の計算をしていきます。
給与の支給日まで	●給与の支払手続をします。 ・多くの会社が金融機関を通じて振込で行っています。実際の給与の支給日の3～4営業日前までに、振込に必要なデータを金融機関指定のフォーム（書面又はテキストデータなど）で、あるいはインターネットバンキングを利用して振込の準備を行います。 ●給与の支給日までに、給与明細書を各社員に配布します。
給与支給日より後	●給与から控除した所得税や住民税、社会保険料を納付します。

【毎月の給与計算・給与支払の流れ】

（例）給与の締め日を末日、支給日を翌月25日とした場合

給与の締め日まで（当月末日）	人事情報の収集・整理・登録
翌月1日～	勤怠情報の集計
15日前後	給与計算
20日前後	給与支払の手続
25日	給与支給日
末日	社会保険料の納付
翌月10日	所得税・住民税の納付

※給与の締め日・支給日によって異なります。

2　給与支払のルール

労働基準法では、給与の支払について、5つの原則を定めています。

【賃金支払の5原則と例外】

原則	例外
通貨払い	●法令に別段の定めがある場合(※1) ●労働協約に別段の定めがある場合 　…通勤手当の現物支給、住宅貸与の現物支給などの現物給与 ●労働者の同意を得た場合 　…①銀行口座振込、②証券総合口座払込、③指定資金移動業者の口座への資金移動(※2) 　…退職手当の銀行振出小切手などによる支払
直接払い	●法律上の例外なし(※3)
全額払い	●法令に別段の定めがある場合…所得税の控除、社会保険料の控除 ●労使協定を締結した場合　　…生命保険料の控除、購買代金の控除など
毎月1回以上払い 一定期日払い	●臨時に支払われる賃金、賞与その他これに準ずるもの（1か月を超えて支払われる精勤手当、勤続手当など）の支払

（※1）現時点では、該当する法令はない。

（※2）③の支払方法による場合には、労働者が①又は②の支払方法を選択できるようにする必要がある。また、通達で、①〜③の支払方法によることについて、労使の書面等による協定の締結、賃金の支払に関する計算書の交付などが求められている。

（※3）通達で、「使者たる家族（労働者の依頼で代わりに受け取る妻・子など）への支払」「派遣先の使用者を通じての支払」が可能であることが示されている。

給与計算・社会保険事務の
1年間の流れ

1 4月～6月の給与計算と社会保険手続

　4月は、多くの会社で新入社員が入社します。それに伴って、社会保険の資格取得の手続が発生します。

　健康保険や厚生年金保険は、入社から5日以内に加入手続をします。雇用保険は、入社した日の属する月の翌月10日が加入手続の期限です。資格取得届を提出する際に、原則として社員のマイナンバー（個人番号）を記載する必要があります。

　6月に入ると、毎月の給与から控除する（特別徴収といいます）住民税の額が変わります。これを毎月の給与計算に反映させます。

　また、労働保険料の申告・納付手続を6月1日から7月10日[※]までに行います。

2 7月～9月の給与計算と社会保険手続

　多くの会社で年2回夏と冬の賞与（ボーナス）が支給されます。賞与の支払に伴い、社会保険料や所得税などの計算事務が発生します。

　7月10日までに社会保険料の計算のベースとなる給与（標準報酬月額）の決定の手続を行います。これを定時決定といいます。社会保険料は事務の簡素化をするために年間の保険料算定のベースとなる給与（標準報酬月額）を決めておき、給与が大きく変動し、一定の要件を満たした場合には、標準報酬月額を改定する（これを随時改定といいます）、という仕組みになっています。

　また、労働保険料の申告・納付手続を7月10日[※]までに行います。

3 10月～12月の給与計算と社会保険手続

　7月の定時決定による標準報酬月額は給与の計算期間で9月分から翌年8月分までの各月に適用されます。当月分を翌月の給与から控除する

仕組みになっていますので、定時決定による標準報酬月額に基づいた新しい保険料は10月に支払われる給与から控除していきます。

12月には、月々の給与や賞与から控除してきた所得税の過不足を調整する、年末調整という事務が発生します。また、多くの会社ではこの時期に冬の賞与の支給をします。これらの事務がまとまって発生するため、給与計算担当者にとって、12月は1年の中で最も忙しい月になります。

4 1月～3月の給与計算と社会保険手続

1月は、前年に支払った給与や報酬や源泉徴収等の支払実績をまとめた支払調書を、税務署と各市区町村に報告（送付）する事務があります。支払調書、税務署提出用の源泉徴収票には、社員のマイナンバー（個人番号）を記載します。社員数が多い会社の場合、最も手間のかかる事務といえます。

3月は退職者が多い月です。退職者に退職金を支払う場合は、退職金からも税金を控除する必要があり、退職所得の受給に関する申告書に社員のマイナンバー（個人番号）を記載します。また、退職に伴い、健康保険、厚生年金保険や雇用保険の資格喪失手続の事務が発生します。

（※）休日の場合には次の平日になります

年間事務カレンダー

【4月～9月の事務カレンダー】

		期限	内容
4月	給与計算	10日	3月分の源泉所得税・特別徴収住民税の支払
	社会保険	30日	3月分の社会保険料の支払
		入社から5日	社会保険（健康保険・厚生年金保険）の資格取得手続[※1]
		翌月10日	雇用保険の資格取得手続[※2]
5月	給与計算	10日	4月分の源泉所得税・特別徴収住民税の支払
	社会保険	31日	4月分の社会保険料の支払
6月	給与計算	10日	5月分の源泉所得税・特別徴収住民税の支払 住民税特別徴収額の更新
	社会保険	30日	5月分の社会保険料の支払
		6/1～7/10	労働保険料の申告・納付
7月	給与計算	10日	6月分の源泉所得税・特別徴収住民税の支払
	社会保険	6/1～7/10	労働保険料の申告・納付
		7/1～7/10	報酬月額算定基礎届 [※1]
			4月昇給者の社会保険料の改定手続
		31日	6月分の社会保険料の支払
		5日以内	被保険者賞与支払届（賞与を支払った場合）[※1]
8月	給与計算	10日	7月分の源泉所得税・特別徴収住民税の支払
	社会保険	31日	7月分の社会保険料の支払
9月	給与計算	10日	8月分の源泉所得税・特別徴収住民税の支払
	社会保険	30日	8月分の社会保険料の支払

【10月～3月の事務カレンダー】

		期限	内容
10月	給与計算	10日	9月分の源泉所得税・特別徴収住民税の支払
	社会保険		7月の定時決定による標準報酬月額の適用
	社会保険	31日	9月分の社会保険料の支払
11月	給与計算	10日	10月分の源泉所得税・特別徴収住民税の支払
	社会保険	30日	10月分の社会保険料の支払
12月	給与計算	10日	11月分の源泉所得税・特別徴収住民税の支払
			年末調整事務 ^(※2)
	社会保険	31日	11月分の社会保険料の支払
		5日以内	被保険者賞与支払届（賞与を支払った場合）^(※1)
1月	給与計算	10日	12月分の源泉所得税・特別徴収住民税の支払
		31日	源泉徴収票・給与支払報告書の提出 ^(※2)
			法定調書の提出
		給与を受ける日の前日	給与所得者の扶養控除等(異動)申告書の受理 ^(※2)
	社会保険	31日	12月分の社会保険料の支払
2月	給与計算	10日	1月分の源泉所得税・特別徴収住民税の支払
	社会保険	28日 ^(※3)	1月分の社会保険料の支払
3月	給与計算	10日	2月分の源泉所得税・特別徴収住民税の支払
	社会保険	31日	2月分の社会保険料の支払

（※1）マイナンバー（個人番号）又は基礎年金番号が必要
（※2）マイナンバー（個人番号）が必要
（※3）うるう年の場合は29日
（注）手続及び支払期限が休日の場合は翌日になります。

2 要出勤日数・出勤日数・欠勤日数・労働時間の欄

1 要出勤日数

　多くの会社では、就業規則で休日が特定されており、それによって社員やパートタイマーが出勤する日を特定しています。本章第1節でも述べたとおり、一給与計算期間内に出勤して働かなければならない日数が、要出勤日数です。就業規則では、通常、下記のように規定されます。

　まず、始業、終業の時刻及び休憩時間の条文で**所定労働時間**が取り決められており、その次の条文で、会社の休日が規定されています。

【就業規則の例】

> 第○条　始業、終業の時刻及び休憩時間
> 　始業及び終業の時刻並びに休憩時間は、原則として次のとおりとする。ただし、業務の都合その他やむを得ない事情により、1日の所定労働時間を超えない範囲でこれを繰上げ又は繰下げることがある。また、天候悪化時の社員の安全確保等のため、業務への影響も勘案した上で、必要な範囲で所定労働時間を変更することがある。
> 　　始　業　　　9時00分
> 　　終　業　　17時00分
> 　　休　憩　　12時から13時の1時間
>
> 第○条　休日
> 　社員の休日は、次のとおりとする。
> 　（1）土曜日、日曜日
> 　（2）国民の祝日に関する法律第3条第1項、第2項及び第3項に規定する休日
> 　（3）年末年始（12月31日、1月2日、3日）

用語解説　**パートタイマー・アルバイト**

　パートタイマーやアルバイトについて、法律上の定義などはありません。一般に、正社員と比べて労働時間が短い人や、期間を定めて働く人をパートタイマーやアルバイトとしている会社が多いです。

　前ページの例では、週休２日制で、国民の祝日と、年末年始の休日が規定されています。この休日を除いた日には、出勤する必要があることになります。これを**所定労働日**といいます。

2 労働時間の原則

　労働時間は、労働基準法で厳しく規制されています。労働基準法では、休憩時間を除き、**１日８時間・１週40時間を超えて労働させることは禁止**されています。法律が規定していることから、この１日８時間・１週40時間を**法定労働時間**といいます。会社が取り決める労働時間である**所定労働時間**とは区別されています。

　しかし、労働者数が10人未満の商業、映画・演劇業（映画の製作の事業を除く）、保健衛生業、接客娯楽業などの**特例事業**に該当する場合は、**１日８時間・１週44時間まで**とされています。

　なお、１週間の起算日は、別段の定めがない限り日曜日とされます。

 ３６（サブロク）協定

　社員やパートタイマーに労働基準法で定められた法定労働時間を超えて働いてもらう場合には、就業規則や個別の労働契約で「時間外労働や法定休日労働を命じることがあり、それに従う」旨を記載します。そして、就業規則や労働契約の取り決めのもとに、時間外労働・法定休日労働に関する協定を締結し、労働基準監督署に提出しなければなりません。

　この手続で作成される労使の書面による協定は、労働基準法36条に規定されていることから「３６協定」と呼ばれ、実務上、重要な協定の１つです。

　なお、働き方改革関連法による労働基準法の改正で、罰則付きの時間外労働の上限規制が導入され、「３６協定」の協定事項も厳格化されました（平成31年４月施行〔中小企業への適用は令和２年４月１日〜〕）。

【法定労働時間】

区分	時間
①原則	1日8時間・1週40時間
②特例事業 （※）常時10人未満の労働者を使用する商業、映画・演劇業（映画の製作の事業を除く）、保健衛生業、接客娯楽業の事業	1日8時間・1週44時間 （※）ただし、年少者には適用されない

　所定労働時間が7時間の会社で8時間まで働いた場合、その所定労働時間を超えて働いた1時間については法定内時間外労働時間となり、法律上は通常働いた場合で計算した賃金を支払えばよいことになります。割増賃金を上乗せして支払う会社もありますが、法律の規定より労働者に有利な扱いですので問題ありません。

【所定労働時間と法定労働時間】

所定労働時間が7時間の例

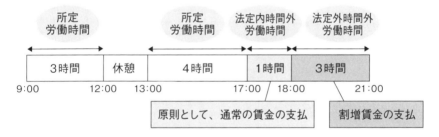

3　労働時間に含まれるものと含まれないもの

　教育や健康診断などに要した時間が、労働時間に含まれるか否かは、判断が難しいケースもあります。重要なものを整理しておきます。

労働時間に含まれるもの	労働時間に含まれないもの
ア　労働安全衛生法上の安全衛生教育	ア　使用者の実施する教育・研修に要する時間（自由参加のものに限る）
イ　特殊健康診断（有害とされる業務に従事する労働者に対して行われるもの）	イ　一般健康診断

ウ 交替制の自動車の運転で、運転しない者が助手席で休憩又は仮眠している時間	ウ 坑内労働者が作業終了後、入浴する時間
エ 昼休みの来客当番（電話当番）	

(注) 就業時間外の教育訓練は、労働者が使用者の実施する教育に参加することについて、出席の強制がなく自由参加のものであれば、教育を実施した時間は労働時間に含まれません。これに対して、就業規則上の制裁等の不利益取扱いによる出席の強制があるものについては、その時間は労働時間に含まれます。したがって、法定労働時間外に行われた場合には割増賃金の支払などが必要です。

【重要判例】

　労働基準法32条の労働時間とは、労働者が使用者の指揮命令下に置かれている時間をいい、この労働時間に該当するか否かは、労働者の行為が使用者の指揮命令下に置かれたものと評価することができるか否かにより客観的に定まるものであって、労働契約、就業規則、労働協約等の定めのいかんにより決定されるべきものではない。労働者が、就業を命じられた業務の準備行為等を事業所内において行うことを使用者から義務付けられ、又はこれを余儀なくされたときは、当該行為を所定労働時間外において行うものとされている場合であっても、当該行為は、特段の事情がない限り、使用者の指揮命令下に置かれたものと評価することができ、当該行為に要した時間は、それが社会通念上必要と認められるものである限り、労働基準法上の労働時間に該当する（最高裁平成12年3月9日〔三菱重工業長崎造船所事件〕）。

4 休憩の原則

　労働基準法には、休憩時間に関する規定があります。1日の労働時間が6時間を超える場合には少なくとも45分、8時間を超える場合には少なくとも1時間の休憩時間を与えなければならないとされています。少なくともというのは、「最低でも」という意味です。

　手待ち時間を含む1日の実労働時間が8時間の会社では45分の休憩時間を与えればよいことになります。なぜなら、最低でも1時間の休憩時間を与えなくてはならないのは、8時間を<u>超える</u>場合ですから、1日

の実労働時間がちょうど8時間の会社は、6時間を超え8時間までの場合に該当し、法律上は少なくとも45分で足りるとされるからです。

【労働時間と休憩時間】

労働時間	休憩時間
6時間までの場合	与えなくてもよい
6時間を超え8時間までの場合	少なくとも45分
8時間を超える場合	少なくとも1時間

用語解説　**手待ち時間**

　「資料ができたら入力してもらうから、ちょっと待っていて」といった仕事と仕事の合間の時間を手待ち時間といいます。休憩しているようでも会社に拘束されていることから、労働している時間（実労働時間）とされます。

5　休憩時間の原則

　休憩時間に関しては、次の3つのことを守らなければならないとされています。

①労働時間の途中に与えること

②労働者に一斉に与えること

③休憩時間は自由に利用させること

　ただし、次のとおり休憩時間の一斉付与の**例外に該当する事業**があります。また、危険の防止上必要な場合などは、例外措置がとられます。この場合は、一斉に休憩を与えない労働者の範囲などに関して協定を結ぶ必要があります。

【例外に該当する事業】

運輸交通業、商業、金融・広告業、映画・演劇業、通信業、保健衛生業、接客娯楽業、官公署の事業

6 休日の原則

　多くの会社で週休2日制を取り入れていますが、労働基準法では、休日について次のように規定しています。

> 　使用者は、労働者に対して、毎週少なくとも1回の休日を与えなければならない。

　つまり、毎週1回の休日を与えればよいことになります。

　この「毎週少なくとも1回の休日」のことを、**法定休日**と呼んでいます。なお、1か月の中に繁忙期と閑散期があり、変形休日制を取り入れている会社の場合は、**4週を通して4日の休日**を与えればよいことになっており、この場合、その4日が法定休日となります。法定休日は日曜日や、国民の祝日でなくてもよいことになっています。

　週休2日制の会社の場合のもう1日の休日は、**所定休日**と呼ばれます。所定休日は、法定休日労働の割増賃金の支払は必要ありません。なぜなら、法定休日労働の割増賃金の支払が必要になるのは、法定休日に労働させた場合だからです。

用語解説　変形休日制

　変形休日制とは、毎週1日の休日ではなく、一定の期間内で週1日の休日になっていればよいという制度です。変形休日制を採用する場合には、就業規則などで、4日以上の休日を与えることとする4週間の起算日（期間の初日）を明らかにしなければなりません。

　変形休日制を採用した場合には、次の表のような休日の取決めも可能です。

【変形休日制による法定休日の例】

第1週	第2週	第3週	第4週	第5週	第6週	第7週	第8週
なし	1日	2日	1日	なし	なし	2日	2日
4週4日以上				4週4日以上			

　上表では、第3週から第6週までの4週間については、3日しか法定休日がありません。しかし、特定の4週間（第1週から第4週まで、及び、第5週から第8週まで）については、4週4日以上を満たしています。

〈参考〉法定休日関係のその他の問題
●法定休日の単位
　原則として一暦日、つまり、午前0時から午後12時までの24時間の休みをいい、単に継続する24時間をいうものではないとされています。
●交代制勤務の場合の法定休日
　交代制勤務の場合は、2暦日にわたる継続24時間を法定休日としても差し支えないとされています。
●休日の与え方
　一斉に与えることは、休憩時間と異なり、法律上は要求されていません。また、法定休日は、日曜日、月曜日などと特定する必要もありませんが、特定することが法の趣旨に沿うものであることから、就業規則で、できるだけ特定するほうがよいとされています。
●出張中の法定休日
　出張中の法定休日は、その日に旅行するなどの場合であっても、その旅行などの間も会社から業務の指示などがある場合のほかは、法定休日労働として取り扱わなくても差し支えないとされています。

7　代休と振替休日

　休日労働や長時間の時間外労働、深夜労働を行った場合に、その代わりとして指定された特定の労働日を代休日といいます。そして、代休日の労働義務を免除する制度を「代休」といいます。簡単に言えば、代休日は働かなくていい労働日ということです。

　代休と似たものに「休日の振替（振替休日）」という制度があります。休日の振替とは、あらかじめ休日と定められた日を労働日とし、その代わりに他の労働日を休日とすることです。代休と振替休日の違いは、代休は後で手続をするのに対し、振替休日は先に手続をするという点です。また、割増賃金の支払の必要があるのかという点でも違いがあります。

【代休と振替休日の違い】

区分	代休	振替休日
意味	休日に労働させ、事後に代わりの休日を与えること。休日労働の事実は変わらず、帳消しにはならない。	あらかじめ定めてある休日を、事前に手続をして他の労働日と交換すること。休日労働にはならない。
要件	特になし。ただし、制度として行う場合、就業規則などに、代休を付与する条件、賃金の取扱といった具体的な記載が必要となる。	①就業規則などに振替休日の規定をする。②振替日を事前に特定する。③振替日は4週4休の法定休日が確保される範囲のできるだけ近接した日とする。④前日までに通知する。
賃金	休日労働の事実は消えないので、休日労働に対する割増賃金の支払が必要。代休日を有給とするか無給とするかは、就業規則などの規定による。	同一週内で振り替えた場合、通常の賃金の支払でよい。週をまたがって振り替えた結果、週法定労働時間を超えた場合は、時間外労働に対する割増賃金の支払が必要となる。

　事例を使って割増賃金の支払について考えてみましょう。

事 例

　1日の所定労働時間は8時間、所定休日は土曜日で、法定休日は日曜日です。

　割増賃金率は、法定の下限、つまり、時間外労働に対しては2割5分、法定休日労働に対しては3割5分です。

①　2週目の日曜日に出勤し、あらかじめその週の水曜日を振替休日とした場合

曜日	1週目							2週目						
	日	月	火	水	木	金	土	日	月	火	水	木	金	土
所定労働時間		8	8	8	8	8			8	8	8	8	8	
所定外労働時間								8			振休			

　2週目の日曜日に出勤していますが、その週の水曜日に振替休日を取っています。2週目の総労働時間が週の法定労働時間の40時間以内

に収まっているため、割増賃金の支払の必要はありません。

② 1週目の土曜日に出勤し、あらかじめ翌週の水曜日を振替休日とした場合

曜日	1週目							2週目						
	日	月	火	水	木	金	土	日	月	火	水	木	金	土
所定労働時間		8	8	8	8	8			8	8	8	8	8	
所定外労働時間							8				振休			

　1週目の土曜日に出勤しています。この段階で、1週48時間となり、40時間を超えていますので、1週目の土曜日の出勤に対しては、割増賃金（時間外労働に対する割増賃金）の支払が必要になります。1週目の土曜日の賃金は1.25分の支払となりますが、翌週の水曜日に振替休日を取っています。したがって、8時間分については差し引かれて、結果的に<u>割増賃金0.25分</u>の支払が必要となります。

☞ **振替休日は、同一週内に取得されないと、割増賃金の支払が発生することになります。**

③ 2週目の日曜日に出勤し、その週の水曜日を代休とした場合

曜日	1週目							2週目						
	日	月	火	水	木	金	土	日	月	火	水	木	金	土
所定労働時間		8	8	8	8	8			8	8	8	8	8	
所定外労働時間								8			代休			

　2週目の日曜日に出勤しています。この段階で、法定休日出勤となりますので、2週目の日曜日の賃金は、1.35分の支払となります。その週の水曜日に代休を取っています。したがって、8時間分については差し引かれて、<u>割増賃金0.35分</u>の支払が必要となります。

　割増賃金の詳細は、第3章第2節を参照してください。

3 年次有給休暇の欄

1 年次有給休暇の原則

　年次有給休暇（年休）は、労働基準法に規定されており、一定の条件を満たせば、働く人の権利として当然に与えられます。雇入れの日から**6か月以上継続して勤務し、その期間の全労働日の8割以上**出勤した人には、10日の年次有給休暇を取得する権利が発生します。その後、勤続年数に応じて付与日数が増えていきます。ただし、前年の出勤率が8割未満の場合はその年は年次有給休暇を与える必要はありません。

　前年に使わなかった年次有給休暇は、翌年に繰越しになります。ただし、使わなければ2年でなくなります。これを年次有給休暇の消滅時効といいます（第7章第9節を参照ください）。

確認　**年次有給休暇の発生要件**

①6か月以上の継続勤務

　継続勤務とは、実際に労働したかどうかに関係なく、雇用関係が継続していることをいいます。つまり、病気療養のために欠勤している状態も、継続勤務とされます。

　パートタイマーから正社員になって通算して6か月以上経ったといった場合も、継続勤務とされます。

②8割以上の出勤率

　出勤日が全労働日に対し8割以上であることが必要です。出勤日は「実際に出勤した日のほか、出勤したとみなされる日」（次ページ【出勤日と全労働日の関連事項】参照）も含めます。

　なお、「全労働日に含まない日」として、次ページ上表のものがあります。

【出勤日と全労働日の関連事項】

出勤したとみなされる日	全労働日に含まない日
①業務上負傷し、又は疾病にかかり療養のために休業した期間 ②産前産後の女性が労働基準法65条の規定により休業した期間 ③育児休業・介護休業法による育児休業又は介護休業をした期間 ④年次有給休暇を取得した日 ⑤労働者の責めに帰すべき事由によるとはいえない不就労日（右の②〜④を除く）(※)	①所定の休日に労働させた場合のその日 ②不可抗力による休業日 ③使用者側に起因する経営、管理上の障害による休業日 ④正当な同盟罷業（ストライキ）その他正当な争議行為により労務の提供がまったくなされなかった日 ⑤代替休暇（第3章上級編③参照）を取得して終日出勤しなかった日

（※）裁判所の判決により解雇が無効と確定した場合や、労働委員会による救済命令を受けて会社が解雇の取消しを行った場合の解雇日から復職日までの不就労日など。

2 年次有給休暇の付与日数

年次有給休暇は、勤続年数に応じて付与日数が増えていきます。

【勤続年数と付与日数】

勤続年数	6か月	1年6か月	2年6か月	3年6か月	4年6か月	5年6か月	6年6か月
付与日数	10日	11日	12日	14日	16日	18日	20日

8割以上の出勤率を満たせなかった場合、年次有給休暇の日数は、下図のようになります。

【出勤率と付与日数】

(例) 雇入れ日

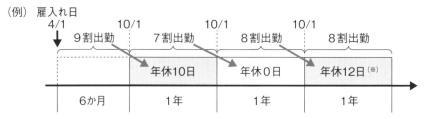

（※）前年の有給休暇付与がない場合でも、勤務期間は継続しているため、2年6か月目の付与日数は11日ではなく12日となる。

3 会社の時季変更権

　年次有給休暇は働く人の権利であり、自由に取得してよいことになっています。ただし、業務が繁忙で、年次有給休暇を与えることが「事業の正常な運営を妨げる場合」には、会社側は、「その日は忙しいから」と、別の日に取得するよう時季を変更する権利があります。これを、時季変更権といいます。

4 パートタイマー・アルバイトの年次有給休暇

　パートタイマー・アルバイトにも、年次有給休暇は権利として認められています。正社員と同様に、**6か月以上継続して勤務し、その間の出勤率が8割以上**であることが条件です。

　1週5日以上又は週30時間以上勤務している人の場合は、正社員と同じ休暇日数が発生します。週30時間未満で1週4日以下又は年間216日以下の人の場合は、**正社員と比較した出勤日数に応じて有給休暇が発生**することになっています。このため、「比例付与」と呼ばれています。

> 確認 **パートタイマー・アルバイトの年次有給休暇**
> **（年次有給休暇の比例付与）**
>
> 　週の所定労働時間が**30時間未満**であって、かつ、次の①又は②に該当する場合に付与されます。
> ①週の所定労働日数が**4日以下**
> ②週以外の期間で所定労働日数が定められている場合は、年間の所定労働日数が**216日以下**

　パートタイマー・アルバイトの比例付与日数は、次の式で計算します。計算の結果、1日未満の端数が出た場合は、切り捨てます。

通常の労働者の有給休暇の日数	×	比例付与対象者（パートタイマー・アルバイト）の週所定労働日数
		通常の労働者の週所定労働日数（5.2日）(※)

(※)「通常の労働者の一週間の所定労働日数として厚生労働省令で定める日数」労働基準法施行規則による。

【比例付与される年次有給休暇日数】

週所定労働日数	1年間の所定労働日数	雇入れ日から起算した継続勤務期間						
		6か月	1年6か月	2年6か月	3年6か月	4年6か月	5年6か月	6年6か月以上
4日	169日から216日まで	7日	8日	9日	10日	12日	13日	15日
3日	121日から168日まで	5日	6日	6日	8日	9日	10日	11日
2日	73日から120日まで	3日	4日	4日	5日	6日	6日	7日
1日	48日から72日まで	1日	2日	2日	2日	3日	3日	3日

5 年次有給休暇期間中の賃金

「有給」休暇という名前がついているように、年次有給休暇中の期間については賃金を支払わなければなりません。賃金の額については、労働基準法により次の3種類の方法が規定されています。

①平均賃金（第3章上級編④参照）

②所定労働時間労働した場合に支払われる通常の賃金

③健康保険法による標準報酬月額（巻末付録②参照）の30分の1に相当する金額（労使協定の締結が必要）

　端数が出た場合、5円未満切捨て、5円以上10円未満の端数は10円に切上げ

上記②による賃金とする会社がほとんどです。

6 年次有給休暇の計画的付与

年次有給休暇を計画的に消化させようとする仕組みを「計画的付与」といいます。労使協定により、年次有給休暇のうち5日を超える部分についてあらかじめ休みの日を指定することができます。

7　年次有給休暇の時季指定義務（会社側からの時季指定）

　年次有給休暇を年に10日以上付与される社員（パートタイマー・アルバイトでも、この要件を満たす場合には含まれます）に対しては、そのうち「5日」は、会社側から時季を指定して年次有給休暇を取得させる必要があります。

　ただし、自ら時季指定をして又は計画的付与により、社員が取得した年次有給休暇の日数は、会社側から時季指定すべき「5日」から除くことができます。

　例えば、計画的付与で5日以上取得させた場合は、会社側からの時季指定は不要となります。

8　年次有給休暇管理簿

　会社は、社員ごとに、年次有給休暇を取得した時季、日数及び基準日を労働者ごとに明らかにした書類（「年次有給休暇管理簿」）を作成し、5年間（当分の間は3年間）保存しなければなりません。

　「年次有給休暇管理簿」は、労働者名簿又は賃金台帳とあわせて調製することができます。また、必要なときにいつでも出力できる仕組みとした上で、システム上で管理することとしても差し支えありません。

4 遅刻早退時間と法律で義務付けられている休暇等

1 遅刻・早退などのルール

本章第1節で述べたように、「遅刻早退時間」の欄には、遅刻や早退した時間の合計が記載されます。遅刻早退控除、欠勤控除については、労働基準法に規定がありません。そこで、会社によって、さまざまな控除の規定が設けられています。具体的には、支給項目欄の「遅刻早退控除」・「欠勤控除」で控除することになります。

2 法律で義務付けられている休暇等

(1) 産前・産後休業

労働基準法では、母体の保護の観点から、必要な産前・産後の休業期間を定めています。

産前については、**6週間以内**（多胎妊娠の場合は**14週間以内**）に出産予定の女性が休業を請求した場合は、就業させてはならないとしています。産後については、女性からの請求の有無にかかわらず、**出産日の翌日から8週間の就業が禁止**されます。ただし、産後6週間を経過した女性が請求した場合は、**医師が支障がないと認めた業務に限り**就業させることができます。

【産前・産後休業】

妊婦	産婦	
	6週間経過前	6週間経過後
①妊婦の請求があれば、産前休暇6週間（多胎妊娠は14週間）を取得させなければならない。 ②妊婦の請求があれば他の軽易な業務に転換させなければならない。	強制休業させなければならない。	産婦の請求＋医師が支障がないと認めた業務に限り、就業させられる。

　妊産婦については、労働時間についても制限があります。

　妊産婦とは、妊婦と産後1年を経過しない女性を指します。妊産婦から、労働できない旨の請求があった場合は、変形労働時間制（本章上級編①参照）を採用している場合であっても、1週40時間、1日8時間を超えて労働させることはできません。さらに、36協定を結んでいても、時間外労働や深夜労働及び法定休日労働が禁止されています。

（2）生理休暇

　労働基準法では、生理日の就業が著しく困難な女性が休暇を請求した場合は、就業させてはならないとしています。

　生理日の休暇を取得した日を有給とするか無給とするかは、会社の就業規則などで自由に取り決めることができます。

（3）育児時間

　生後満1年に達しない子を育てる女性は、通常の休憩時間のほかに1日2回、それぞれ少なくとも30分、子を育てるための時間（育児時間）を請求することができます。育児時間についても有給とするか無給とするかは、会社の就業規則などで自由に取り決めることができます。

（4）育児休業・介護休業・子の看護休暇・介護休暇

　いずれも、育児・介護休業法において、働く人（男女を問いません）の権利として認められた休業・休暇です。対象となる社員が会社に申し出ることにより取得できるものです。

① **育児休業**は、子どもを養育するための休業です。その期間は、子が1歳に達するまでです^{（※）}が、保育所に入所できないなど一定の理由がある場合は、子どもが1歳6か月になるまで延長が可能です。また1歳6か月以後も保育所等に入れない等の場合には、保育所が決まるまでの期間で、子どもが最長2歳になるまで延長が可能です。

（※）夫婦が共に育児休業を取得する場合で、条件が合えば、子が1歳2か月に達するまで、父母それぞれで上限1年休業できる「パパ・ママ育休プラス」と

いう制度があります。

　なお、令和４年10月施行の改正で、柔軟な育児休業の枠組みとして、子の出生後８週間以内に４週間まで取得することができる「出生時育児休業（いわゆる産後パパ育休)」が創設されました。

② **介護休業**は、対象家族を介護するための休業です。その期間は、家族１人について通算93日までです。その間に３回まで分割して取得できることになっています。

③ **子の看護休暇**は、小学校就学前の子を養育する者がその子の世話を行うために取得できるもので、**介護休暇**は、対象家族を介護する者がその家族の世話を行うために取得できるものです。いずれも、１年に５日（対象となる子又は家族が２人以上の場合は10日）を限度として取得でき、休暇の単位は１日又は１時間です。

（5）有給とする義務はあるか

　（1）〜（4）の休業等は、要件に該当している社員に対し、会社が**与えなければならない**ものですが、与えた日や時間について**有給にする義務はありません**。

上級編① 変形労働時間制

1 変形労働時間制とは

　労働基準法では、休憩時間を除き、1日8時間、1週40時間が法定労働時間とされています。1日8時間、1週40時間を超えて労働させた場合は、割増賃金を上乗せして支払わなければなりません。割増賃金の支払は、会社にとっては金銭面や業務運営上の負担となります。

　そこで、例えば、月曜日は忙しいが水曜日は時間が空くという会社では、社員に働いてもらう時間を、月曜日は10時間、水曜日は6時間、ほかの日は8時間というように、1週40時間になるよう設定して、その範囲内であれば8時間を超えて労働させた場合でも、割増賃金を支払わなくてもよい仕組みがあります。これを変形労働時間制といいます。

2 変形労働時間制の種類

　変形労働時間制について、労働基準法では、次の4つの制度が示されています。
　　①1か月単位の変形労働時間制
　　②フレックスタイム制
　　③1年単位の変形労働時間制
　　④1週間単位の非定型的変形労働時間制
　それぞれの内容は、次ページ下表のとおりです。

3 フレックスタイム制とは

　フレックスタイム制は、一定の期間にあらかじめ定めた総労働時間内であれば、社員が始業時刻と終業時刻を自由に選択できる仕組みです。なお、始業時刻だけを自由にするといった、始業時刻・終業時刻のいずれかだけを選択とする制度は、フレックスタイム制には該当しません。

【フレックスタイム制】

	8:00 9:00 10:00　　　　12:00 13:00　　　　15:00　　　　17:00　　　　　　20:00

フレキシブル タイム（※1）	コアタイム （※2）	休憩	コアタイム （※2）	フレキシブルタイム（※1）
	標準となる1日の労働時間帯			
	労働時間帯			

（※1）フレキシブルタイム・・・労働者が自分で出社・退社の時刻を選択して労働できる時間帯
（※2）コアタイム・・・・・・・・・労働者が出社していなければならない時間帯

【4つの変形労働時間制と採用要件】

区分	1か月単位	フレックスタイム	1年単位	1週間単位
業務の特徴	月の半ばが繁忙期などの会社	出社・退社時間を定めなくても業務に支障がない会社	季節等によって業務の繁閑に差がある会社	業務の繁閑が定型的ではない会社
変形の内容	1か月以内の一定の期間を平均	3か月以内の一定の期間（清算期間）を平均	1か月を超え1年以内の一定期間（対象期間）を平均	1週間の労働時間が40時間以内であれば、1日の労働時間を10時間まで延長させることができる（※3）。
	1週間の法定労働時間（1か月を超え3か月以内のフレックス、1年単位は40時間）を超えなければ、特定の週や日に法定労働時間を超えて労働させることができる。			
採用するための手続	就業規則など 又は 労使協定（※1）	就業規則など 及び 労使協定	労使協定	
就業規則などで特に定める内容	変形期間における各日、各週の所定労働時間（※1）	始業の時刻及び終業の時刻を労働者の決定に委ねること		
労使協定の締結の必要	必要（※2）	必要	必要	必要
労使協定の届出の必要	必要（※2）	必要（※4）	必要	必要
適用できる業種・従業員・規模による制限				常時使用する労働者数が30人未満の小売業・旅館・料理店・飲食店の事業
法定（一般）	40時間			
法定（特例）（※5）	44時間	44時間（※6）or 40時間	40時間	

（※1）労使協定により採用した場合には、あわせて就業規則などで変形期間、変形期間の各労働日の始業の時刻及び終業の時刻、休憩時間、休日といった必要な事項を定めなければならない。
（※2）就業規則などにより採用した場合には、労使協定の締結及び届出は不要となる。
（※3）労働時間を延長させる場合は、1週間が始まる前に、あらかじめ書面により労働者に通知しなければならない。緊急の場合は、延長させる日の前日までに、書面により労働者に通知する。
（※4）清算期間が1か月以内の場合は不要
（※5）法定労働時間が44時間の業種（本章第2節参照）
（※6）清算期間が1か月以内の場合

5 時間外労働の限度時間と端数処理

1 時間外労働の限度時間

　法定の労働時間を超えた残業をさせる場合（時間外労働をさせる場合）及び法定の休日に出勤させる場合（法定休日労働をさせる場合）には、労使間で３６協定を結び、労働基準監督署に届け出る必要があります。

　時間外労働をさせる場合、３６協定では、残業をさせることができる時間を定めます。その際、法律によって時間外労働の時間について上限が定められています。その上限は、基本的には限度時間として、下の表のように、１か月と１年の期間について定められています。

【時間外労働の延長時間の限度】

期間	①一般の労働者（②以外）の限度時間	②１年単位の変形労働時間制の対象者の限度時間
１か月	45時間	42時間
１年	360時間	320時間

〈補足〉期間が３か月を超える１年単位の変形労働時間制（本章上級編①参照）を適用している場合は、繁忙期に応じて労働時間を調整することができます。このため、一般の労働者よりも時間外労働の限度時間が短く設定されています（上表参照）。

　この３６協定で定めた労働時間を超えて残業させると、３６協定の効力が生じず違法となります。

　また、限度時間を超える残業は基本的には認められません。しかし「特別条項付き３６協定」を締結すれば、一定の範囲内[※]で限度時間を超える残業が認められます。ただし、特別条項付３６協定を締結していても、限度時間を超える月は、１年の中で６か月を超えない範囲でなければなりません。

※・時間外労働＋法定休日労働の時間→単月100時間未満（複数月平均80時間以内）
　・時間外労働の時間→年720時間以内

確 認　３６協定の内容

①労働時間を延長し、又は法定休日に労働させることができる労働者の
　範囲
②労働時間を延長し、法定休日に労働させることができる場合
③対象期間（１年間に限る）
④対象期間（１年間）の起算日
⑤対象期間における「１日」、「１か月」及び「１年」のそれぞれの期間
　について、労働時間を延長して労働させることができる時間又は労働
　させることができる法定休日の日数
⑥有効期間
⑦時間外労働（法定休日労働を含む）の時間が、「１か月100時間未満」
　及び「２〜６か月平均で１か月当たり80時間以内」の要件を満たす
　こと（チェックボックス形式）
〈補足〉特別条項の場合は、さらに協定事項がある

2　時間外労働時間の端数処理

　毎日の残業時間の給与は原則として１分単位で計算しなければなりま
せんが、１か月のうち時間外労働、法定休日労働及び深夜業それぞれの
時間数の合計に１時間未満の端数がある場合には、端数処理ができます。
ただし、認められている端数処理は、次のルールのみです。

30分未満　⇨　切捨て
30分以上　⇨　１時間に切上げ

☞ １か月ではなく１日単位で端数処理を行ったり、30分ではなく
　15分単位としたりすることなどは、違法となります。

3 労働時間・休憩・休日の適用除外

　労働者であっても、管理監督者に該当する場合には、労働時間・休憩・法定休日の規定が適用されないため、時間外の割増賃金の支払は必要ありません。ただし、管理監督者であっても、深夜割増や年次有給休暇は適用されます。その他、下表に該当する場合には、労働時間・休憩・法定休日の規定が適用されません。

【労働時間・休憩・法定休日の適用除外】

対象者	適用除外
農業、畜産業、水産業に従事する者 （林業に従事する者は含まない）	・労働時間 ・休憩 ・法定休日
事業の種類にかかわらず 　①監督若しくは管理の地位にある者（管理監督者） 　②機密の事務を取り扱う者	
監視又は断続的労働に従事する者 （労働基準監督署長の許可を受けた者）	

 管理職の残業代

　大手ハンバーガーチェーン企業の店長が、労働基準法上の管理監督者ではない「名ばかり管理職」であるとして、会社に対し残業代の支払を請求した事件をきっかけに、多店舗展開している会社の店長クラスの社員による裁判が増加しました。そこで、厚生労働省は、「多店舗展開する小売業、飲食業等の店舗における管理監督者の範囲の適正化について」という基準を示しました。

　この基準により、店長クラスであっても次のいずれかに該当する場合は管理監督者性が否定されるとして、残業代支払の対象となります。

①パートタイマー・アルバイトなどの採用・解雇について権限がない。

②遅刻・早退などにより減給される、又は、人事考課で不利益な取扱いを受ける。

③時間単価に換算した賃金額が店舗所属のパートタイマー・アルバイトなどの賃金額に満たない。

4 労働時間の状況の客観的な把握

　すべての社員（管理監督者なども含む）の労働時間の状況を客観的な方法その他の適切な方法^{（※）}で把握することが、労働安全衛生法において、会社に義務付けられています。

　この取扱いは、平成31年4月施行の働き方改革関連法により規定されたものです。

　それまでは、主に、未払い賃金の防止（割増賃金の適正な支払）の観点から、社員（管理監督者などを除く）の労働時間の状況を客観的な方法で把握することとされていましたが、改正により、社員の健康管理の観点から、管理監督者なども含めて、労働時間の状況を客観的な方法で把握しなければならないこととされました。

（※）客観的な方法その他の適切な方法：
　　　タイムカードやICカードの記録、パソコンの使用時間の記録などの確認

第 3 章

「支給項目欄」からわかる
給与計算の仕組み

1 給与明細書の「支給項目欄」

1 基本給・諸手当とは

給与は、一般的に、基本給と諸手当に分けて支給します。

諸手当についてどのような種類を設けるかは、会社ごとに取り決めることになります。労働基準法では、時間外や休日・深夜の割増賃金以外（正確には、そもそも会社独自に支給する手当とはいえませんが）には、役職手当や皆勤手当といった手当をつけなければならないという規定はありません。一般的な諸手当の例として、「役職手当」がありますが、主任、係長、課長などの役職に応じて支給します。

各社の給与の体系については、「賃金規程」（就業規則）で定めるのが一般的です。以下、給与明細書の支給欄をもとに説明します。

【給与明細書の例】

	基本給	役職手当	家族手当	住宅手当				
	340,000	20,000	20,000	30,000				
支給								
	普通残業手当	60H超残業手当	深夜残業手当					
	39,375	0	0					
	休日勤務手当	休日深夜手当	非課税通勤	課税通勤	遅刻早退控除	欠勤控除	課税合計	非課税合計	総支給額合計
	24,300	0	12,000	0	0	0	473,675	12,000	485,675

用語解説
賃金・報酬と所定内給与・所定外給与

日常では、給与又は給料という言葉を使うのが一般的ですが、法律では、賃金や報酬という用語を使います。労働基準法などの労働関係の法律では、「賃金」といい、健康保険法や厚生年金保険法などの社会保険関係の法律では、「報酬」といいますが、ほぼ同じ意味です。

また、決まって支給する給与のうち、所定外給与以外のものを「所定内給与」といいます。所定の労働時間を超える労働に対して支給される

給与や、休日労働・深夜労働に対して支給される給与のことを「所定外給与」といいます。普通残業手当、休日勤務手当、深夜残業手当などが該当します。

2 普通残業手当などの割増欄

　支給項目の中でも重要なものが、時間外の労働（普通残業手当）や法定休日の労働（休日勤務手当）、深夜労働（深夜残業手当・休日深夜手当）に対する割増賃金です。

　なお、割増賃金をあらかじめ定額の**固定残業代**等の名目で支給する制度を設けている会社もあります。例えば、1か月について20時間分の残業代をあらかじめ支払うといった仕組みです。この例のケースでは、20時間分の時間外労働に相当する額を固定で支給するため、ある月の時間外労働の時間数が15時間という場合でも、20時間分の額で支給します。一方、ある月の時間外労働の時間数が25時間という場合は、20時間を超えた差額の5時間分に対しては、別途、時間外労働に対する手当を支払う必要があります。

　このように、固定残業代の場合でも、時間外労働等の時間数の管理等は必要となります。

〔参考〕固定残業代の支給が認められるためには、賃金規程などで固定残業代の支給があることが明確になっており、その内容として、通常の労働時間の賃金に当たる部分と割増賃金に当たる部分とを明確に判別できるようにすることが必要です。

3 「支給項目欄」の中の控除項目

　支給項目には、「遅刻早退控除」や「欠勤控除」という項目があります。控除（差引き）という名前がついているのは、遅刻早退や欠勤により働いていない分を差引くということです。「遅刻早退控除」・「欠勤控除」については、本章第4節で詳しく説明します。

2 普通残業手当などの割増率

1 時間外労働の割増率

　1日8時間を超えて労働させた場合には、労働基準法により、通常の労働時間に対して支払う賃金に一定の割増率に基づいた割増賃金を加えて支払わなければなりません。割増率は、**2割5分以上**とされています。なお、時間外労働の時間数が、1か月60時間を超えた場合は割増率が変わり、**5割以上の率**になります。

2 法定休日労働の割増率

　法定休日に労働させた場合にも、一定の割増率に基づいた割増賃金の支払が規定されています。割増率は、3割5分以上の率とされています。

　第2章で述べたとおり、労働基準法では、法定休日を毎週1回の休日又は4週を通して4日の休日としています。**1**と異なるのは、法定労働時間を超えて働いたかどうかにかかわらず、法定休日に労働したすべての時間に対する割増賃金であることです。

　法定休日に労働し、法定労働時間を超えて労働した場合でも、その労働が法定休日におさまっていれば、時間外労働の割増は適用されません。

　では週休2日制の会社で、その休日である2日とも働いた場合はどうなるでしょうか。週休2日のうち、1日は法定休日となり、もう1日の会社で独自に決めた休日は所定休日となります。法定休日に労働させると、休日労働の割増率による割増賃金の支払が必要ですが、所定休日に労働した場合は、休日労働の割増賃金の支払は不要です。その場合、週法定労働時間40時間を超えた時間に対して、時間外労働の割増率2割5分以上の割増賃金を支払えば、法的には問題ありません。

　しかし、会社によっては、法定休日だけでなく所定休日に労働させた場合にも法定休日労働の割増率に基づいた割増賃金を支払っているところもあります。労働基準法は、最低限の条件を定めているにすぎず、こ

のような法律以上の割増賃金の支払については何も問題はありません。

3 深夜労働の割増率

労働時間が深夜（午後10時～翌朝5時）に及ぶ場合、時間外労働であるかどうかにかかわらず、通常支払う賃金に上乗せして、**2割5分以上の割増率**で計算した割増賃金を支払わなければなりません。

時間外労働が深夜に及んだ場合、その労働時間に対しては、**5割以上の割増率**、法定休日労働が深夜に及んだ場合には、**6割以上の割増率**に基づいた割増賃金を支払わなければなりません。

給与明細書で「普通残業手当」「深夜残業手当」「休日勤務手当」「休日深夜手当」が区別されているのは、割増率が異なるためです。

たとえば、遅番や夜勤等、所定労働時間内で深夜に及ぶ場合がありますが、その労働時間に対しては、2割5分以上の割増賃金を支払えば法的には問題ありません。

【時間外労働などの割増率】

労働時間の種類	割増率
時間外労働	2割5分以上 [※1]
法定休日労働	3割5分以上
深夜労働	2割5分以上
時間外労働＋深夜	5割以上 [※2]
法定休日労働＋深夜	6割以上

（※1） 1か月について時間外労働が60時間を超えた場合の60時間を超える時間は、5割以上

（※2） 1か月について時間外労働が60時間を超えた場合の60時間を超える時間は、7割5分以上（本章「上級編③」参照）

〈補足〉 上記の割増率における「時間外労働」とは、法定労働時間を超えた時間外労働のことです。

【割増賃金の例】
●始業時刻9：00、終業時刻17：00、１日の所定労働時間７時間の場合
①時間外・深夜労働の割増賃金

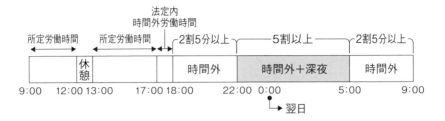

a．17時〜18時の労働

　所定労働時間を超えて働いていますが、法定労働時間の８時間を超えてはいません（法定内時間外労働）。したがって、この時間帯には、割増賃金を含まない、通常の賃金の支払が必要になります。

　なお、就業規則にこの時間帯の割増率について規定している場合は、その定めに従い、割増賃金の支払が必要です。

b．18時〜22時の労働

　休憩時間を除いた１日８時間の法定労働時間を超える時間帯になります。したがって、時間外労働として２割５分以上の割増賃金の支払が必要になります。

c．22時〜翌５時の労働

　休憩時間を除いた１日８時間の法定労働時間を超える時間帯に、深夜労働の時間帯が重なります。したがって、５割以上の割増賃金が必要になります。

d．翌５時以降の労働

　深夜の時間帯ではなくなりますが、時間外労働として２割５分以上の割増賃金が必要になります。

②法定休日・深夜労働の割増賃金

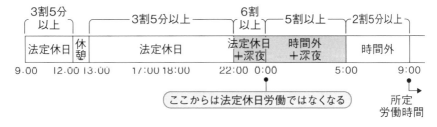

a．9時〜22時の労働

　休憩時間を除いた9時〜22時は、法定休日労働の割増賃金（3割5分以上）が必要になります。

※17時〜22時の労働時間……17時〜18時の法定内時間外労働でも、18時〜22時の1日8時間の法定労働時間を超える時間帯の労働であっても、法定休日労働であるため、3割5分以上の割増賃金が適用になります。つまり、法定休日労働の場合は、時間外労働という概念はありません。

b．22時〜深夜0時の労働

　法定休日労働に、深夜労働の時間帯が重なります。したがって、6割以上の割増賃金が必要になります。

c．深夜0時〜翌5時の労働

　翌日になるため、法定休日労働でなくなります。しかし、前日から引き続き8時間を超えて働いていることから、時間外労働と深夜労働が重なる時間帯となります。したがって、5割以上の割増賃金が必要になります。

d．翌5時以降の労働

　深夜の時間帯ではなくなりますが、時間外労働として2割5分以上の割増賃金が必要になります。

3 普通残業手当などの 割増賃金の計算方法

1 割増賃金の計算

　時間外労働や法定休日労働に対しては、割増賃金を支払う義務があります。労働基準法では、割増率を規定していますが、労働基準法の定めは最低限の基準であり、法律の基準を上回る割増率を「賃金規程」（就業規則）で取り決めている会社もあります。

（1）時間給制・日給制の場合の計算

　時間を単位として給与を支払う時間給制の場合は、単純に、時間給に割増率を掛け合わせて計算します。

　日給制の場合は、日給を1日の所定労働時間数で割った1時間当たりの金額に割増率を掛けて計算します。

（2）月給制の場合の計算

　給与を月額で定めて支払う月給制の場合は、月給を1か月の平均所定労働時間数で割って時間当たりの金額を算出する必要があります。1か月の平均所定労働時間数の計算式は、次のとおりです。

---

①年間の所定労働日数が決まっている場合

$$\frac{\text{年間の所定労働日数} \quad \times \quad \text{1日の所定労働時間数}}{\text{12か月}}$$

②年間の所定労働日数が決まっていない場合

$$\frac{(\text{365日} \quad - \quad \text{休日日数}) \quad \times \quad \text{1日の所定労働時間数}}{\text{12か月}}$$

　まず、「通常の労働時間に対して支払われる賃金」は、その月に支給される給与の合計額を1か月平均の所定労働時間数で割った額となります。

　年間の所定労働日が決まっている会社は、年間の所定労働日数に1日の所定労働時間数を掛け合わせた時間を12で割ります（前ページの計

算式①)。

　年間の所定労働日が決まっていない会社は、就業規則に基づく休日日数を求め、年間の暦（れき）日数から休日日数を差し引いた日数に1日の所定労働時間を掛け合わせた時間を12で割ります（前ページの計算式②）。

【年間の所定労働日数が決まっていない場合の計算例】
●休日が毎週土日（52週×2）・国民の祝日（16日）・夏期休暇（3日）・冬期休暇（4日）、1日の所定労働時間8時間の場合

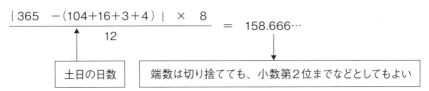

$$\frac{\{365 - (104+16+3+4)\} \times 8}{12} = 158.666\cdots$$

土日の日数

端数は切り捨てても、小数第2位までなどとしてもよい

【給与形態に応じた割増賃金の計算の基礎となる賃金の算出方法】

給与形態	内容	割増賃金の基礎となる賃金
①時間給	給与を時間単位で支払う。 （※）パートタイマー・アルバイトの給与が典型例	時間給として定めた金額
②日給	給与を日額で定めて支払う。	日給として定めた金額を1日の所定労働時間数で除した金額 （※）所定労働時間が日によって異なる場合は、1週間の平均所定労働時間数
③月給 （日給月給制）	給与を月額で定めて支払う。 （※）日給月給制も同じ	月給として定めた金額を1か月の所定労働時間数で除した金額 （※）所定労働時間が月によって異なる場合は1年間での1か月の平均所定労働時間数で除した金額
④出来高払い （歩合給）	販売の実績に応じて支払う。 （※）歩合給も同じ	出来高給の金額を1か月の総労働時間数で除した金額 （※）1か月の総労働時間数＝所定労働時間数＋時間外・法定休日労働時間数
⑤上記①から④の複合	日給＋歩合給のように併用して支払う。	上記①から④のそれぞれで計算した金額の合計額

2 割増賃金の計算から除外される賃金

　通勤手当のように実費を支払っているものや、労働と直接的な関係が薄い個人的な事情に基づいて支給することになっているような諸手当を、割増賃金の計算の基礎となる賃金額に含めるのは不適当です。このため、次の手当等は、割増賃金の計算の基礎となる賃金から除外することになっています。

> ①家族手当、②通勤手当、③別居手当、④子女教育手当、⑤住宅手当、
> ⑥臨時に支払われた賃金、⑦1か月を超える期間ごとに支払われる賃金

　これらの手当等は、労働基準法において限定列挙されているものです。これらに該当しない手当等は、割増賃金の基礎に含める必要があります。
　また、これらの手当等に該当するか否かは、名称にかかわらず実質で判断しなければなりません。特に、家族手当、通勤手当、住宅手当については、割増賃金の計算における取扱いに注意する必要があります。

【割増賃金の基礎から除外するもの・割増賃金の基礎に含めるものの例】
●家族手当

除　外	扶養家族の人数に応じて算定するもの
含める	扶養家族の有無や人数に関係なく一律に支給するもの

●通勤手当

除　外	通勤に要する実際費用又は通勤距離に応じて算定するもの
含める	通勤に要する費用や通勤距離に関係なく一律に支給するもの

●住宅手当

除　外	住宅に要する費用に応じて算定するもの
含める	住宅に要する費用に関係なく一律に支給するもの （具体例：賃貸住宅居住者には2万円、持家居住者には1万円を支給するなど、住宅の形態ごとに一律に定額で支給するもの）

3 割増賃金の端数処理

　1時間当たりの割増賃金の計算過程で、1円未満の端数が出ることがあります。「たかが1円」ですが、正確に計算する必要があります。1時間当たり1円の違いは30時間の残業では30円の違いになります。

　割増賃金の端数処理にも一定の基準があります。通常の1時間当たりの賃金額に1円未満の端数が出た場合は四捨五入できます。同様に、1時間当たりの割増賃金額に1円未満の端数が出た場合も四捨五入できます。1円未満の端数は、四捨五入せず切り上げてもかまいません。また、1円未満の端数をそのまま計算に用いることもできます。しかし、切り捨てることは、労働者の不利益になることから認められていません。

　1時間当たりの割増賃金額に実際の時間外の労働時間を掛け合わせた額が割増賃金額となります。この計算過程でも、1円未満の端数が出ることがあります。端数処理の考え方は、1時間当たりの割増賃金額と同様で、四捨五入することも切り上げることもできます。

【割増賃金の端数処理】

区分	端数処理
①1時間当たりの賃金額及び割増賃金額に1円未満の端数が出た場合	四捨五入 ・50銭未満 ⇒ 切捨て ・50銭以上 ⇒ 1円に切上げ
②1か月における時間外労働、法定休日労働、深夜業それぞれの割増賃金の総額に1円未満の端数が出た場合	

上級編② 1か月単位の変形労働時間制の場合の時間外労働

　1か月単位の変形労働時間制を採用した場合にも、時間外労働となる時間があります。時間外労働は、次の①～③の手順で判断していきます。

①1日についての判断

　書面による労使協定又は就業規則などにより8時間を超える時間を定めた日は、その時間を超えて労働した部分が時間外労働となります。それ以外の日は、8時間を超えて労働した部分が時間外労働となります。

②1週間についての判断

　書面による労使協定又は就業規則などにより1週間の法定労働時間（40時間又は44時間）を超える時間を定めた週は、その時間を超えて労働した部分が時間外労働となります。それ以外の週は、1週間の法定労働時間（40時間又は44時間）を超えて労働した部分が時間外労働となります（上記①で時間外労働となる部分を除きます）。

③変形期間についての判断

　変形期間中、法定労働時間の総枠を超えて労働した部分が時間外労働となります（上記①又は②で時間外労働となる部分を除きます）。

【1か月単位の変形労働時間制の場合の法定労働時間の上限】

変形期間の日数	法定労働時間の上限
28日	160.0時間
29日	165.7時間
30日	171.4時間
31日	177.1時間

　それでは、事例を使って、1か月単位の変形労働時間制を採用した場合の時間外労働となる時間を確認してみましょう。

事 例

〈必要な情報〉

・1日の法定労働時間	8時間
・1週間の法定労働時間	40時間
・変形期間	4週間
・変形期間の所定労働時間の総枠	154時間
・変形期間の法定労働時間の総枠	160時間

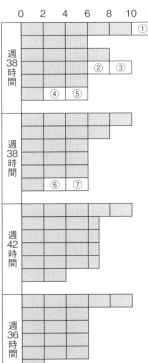

0　2　4　6　8　10　12（時間）

①所定労働時間が1日の法定労働時間（8時間）を超え10時間と定められている日に、10時間を超える部分
→**時間外労働**

②所定労働時間が1日の法定労働時間（8時間）を超えない日に、8時間までの部分で、週の法定労働時間（40時間）も超えない部分
→**法定内労働時間**

③所定労働時間が8時間を超えていない日に、8時間を超える部分
→**時間外労働**

④所定労働時間が1日の法定労働時間（8時間）を超えない日に、8時間までの部分
→**1日単位で見た場合は法定内労働時間　しかし…**
　週の所定労働時間が38時間と定められている週に、時間外労働と判断された①③を除き、時間内労働と判断された②を加えると40時間となり、週の法定労働時間（40時間）を超える部分
→**時間外労働**

⑤所定労働時間が1日の法定労働時間（8時間）を超えない日に、8時間までの部分
→**1日単位で見た場合は法定内労働時間　しかし…**
　週の所定労働時間が38時間と定められている週に、時間外労働と判断された①③④を除き、時間内労働と判断された②を加えると40時間となり、週の法定労働時間（40時間）を超える部分
→**時間外労働**

⑥所定労働時間が1日の法定労働時間（8時間）を超えない日に、8時間までの部分で、週の法定労働時間（40時間）も超えない部分
→**法定内労働時間**

⑦所定労働時間が1日の法定労働時間（8時間）を超えない日に、8時間までの部分
→**1日単位で見た場合は法定内労働時間　しかし…**
　週の所定労働時間が38時間と定められている週に、時間内労働と判断された⑥を加えると40時間となり、週の法定労働時間（40時間）を超える部分
→**時間外労働**

［図内：週38時間、週38時間、週42時間、週36時間］

　所定労働時間
　所定労働時間を超えた時間

上級編③　時間外労働が月60時間を超えた場合の割増率

1　時間外労働が月60時間を超えた場合の定め

　時間外労働が月60時間を超えた場合には、割増率5割以上の割増賃金を支払う、又は代替休暇を与えることとなっています。

【1か月について60時間を超えて時間外労働をさせた場合の定め】

Point　当該時間外労働が深夜に及んだ場合は、さらに「2割5分以上の率」の上乗せが必要

　代替休暇を定める場合、労使協定で、次の①～④の事項について取り決める必要があります。

①代替休暇として与えることができる時間の時間数の算定方法 (※1)
②代替休暇の単位（1日又は半日とする）(※2)
③代替休暇を与えることができる期間（時間外労働が1か月について60時間を超えた当該1か月の末日の翌日から2か月以内とする）(※3)
④代替休暇の取得日の決定方法、割増賃金の支払日（**2**）

（※1）代替休暇として与えることができる時間の時間数
　　　　＝（1か月の時間外労働時間数－60）×換算率 (*)

＊ (労働者が代替休暇を取得しなかった場合に支払うこととされている割増賃金率（5割以上）) － (労働者が代替休暇を取得した場合に支払うこととされている割増賃金率（2割5分以上）)

（※2）代替休暇として与えることができる時間の時間数が労使協定で定めた代替休暇の単位（1日又は半日）に達しない場合であっても、「代替休暇以外の通常の労働時間の賃金が支払われる休暇」と合わせて与えることができる旨を労使協定で定めたときは、当該休暇と代替休暇とを合わせて1日又は半日の休暇を与えることができる。

「代替休暇以外の通常の労働時間の賃金が支払われる休暇」としては、代替休暇の実施に伴って任意に創設される休暇を想定しているものであるが、事業場の既存の休暇制度や労働基準法の時間単位年休を活用してもよい。

なお、「代替休暇以外の通常の労働時間の賃金が支払われる休暇」と代替休暇とを合わせて与えた場合であっても、法定割増賃金率の引上げ分の割増賃金の支払に代えることができるのは、代替休暇の部分に限られる。

（※３）時間外労働が１か月について60時間を超えた月の末日の翌日から２か月以内とされ、労使協定では、この範囲内で定める必要がある。

なお、代替休暇を与えることができる期間として労使協定で１か月を超える期間が定められている場合には、前々月の時間外労働に対応する代替休暇と前月の時間外労働に対応する代替休暇とを合わせて１日又は半日の代替休暇として取得することもできる。

（１）「１か月」の起算日

「１か月」とは、本来、暦（こよみ）による１か月をいいます。60時間を超えて時間外労働をさせた場合でいう「１か月」の起算日は、「賃金の決定、計算及び支払の方法」として就業規則に記載する必要があります。

具体的には、毎月１日とすることだけでなく、賃金計算期間の初日や３６協定期間の初日などにすることも考えられます。

（２）休日労働との関係

法定休日（週１回又は４週４日の休日）以外の休日である所定休日の労働が法定労働時間を超える場合には、時間外労働となります。このため、「１か月について60時間」の算定の対象に含めなければなりません。

なお、労働条件を明らかにするためにも、割増賃金の計算を簡便にするためにも、「就業規則により、事業場の休日について法定休日と所定休日の別を明確にしておくことが望ましい」と厚生労働省の通達で示されています。

2 代替休暇の取得及び割増賃金の支払日

　１か月について60時間を超えて時間外労働をさせた労働者に対し、時間外労働をさせた**月の末日から、できる限り短い期間内**に代替休暇の取得の意向を確認しなければなりません。１か月について60時間を超える時間外労働にかかる割増賃金の支払日については、労働者の代替休暇取得の意向に応じて、次のようになります。

①労働者に代替休暇取得の意向がある場合

　通常の時間外労働に対する割増賃金（２割５分以上の率）について、**割増賃金が発生した賃金計算期間中の賃金支払日に支払う必要があります**。

　なお、代替休暇取得の意向があったが、実際には代替休暇を取得できなかったということもあります。この場合は、月60時間を超えた場合に上乗せされる割増賃金（２割５分以上の率）について、労働者が代替休暇を取得できないことが確定した賃金計算期間中の賃金支払日に支払う必要があります。

②労働者に代替休暇取得の意向がない場合、又は、労働者の意向が確認できない場合など

　月60時間を超えた場合に上乗せされる割増賃金（５割以上の率）について、**割増賃金が発生した賃金計算期間中の賃金支払日に支払う必要があります**。

　なお、５割以上の率で計算した割増賃金が支払われた後に、労働者から代替休暇取得の意向があったということもあります。この場合は、次の２つがありますので、どちらかを労使協定で定めます。

・代替休暇を与えることができる期間として労使協定で定めた期間内であっても、労働者は代替休暇を取得できない。

・代替休暇を与えることができる期間として労使協定で定めた期間内であれば、労働者は代替休暇を取得できる。労働者が実際に代替休暇を取得したとき、すでに支払われた月60時間を超えた場合に上乗せされた割増賃金について精算する。

事 例

【割増賃金の支払と支払日の例】

・賃金締め日：月末　　・給与の支払日：翌月15日
・代替休暇の取得：2か月以内
・代替休暇を取得しなかった場合の割増賃金率：5割
・代替休暇を取得した場合の割増賃金率：2割5分

①代替休暇取得の意向がある場合

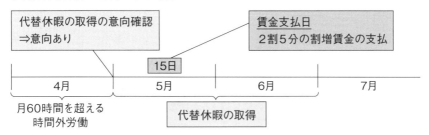

②代替休暇取得の意向がない場合、又は、意向が確認できない場合など

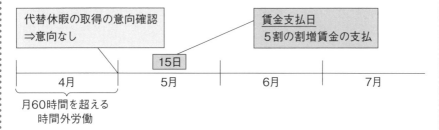

発展　代替休暇と年次有給休暇との関係

　労働者が代替休暇を取得して終日出勤しなかった日は、正当な手続により、**労働者が労働義務を免除された**日です。このため、代替休暇を取得して終日出勤しなかった日については、**年次有給休暇の算定基礎となる全労働日に含まない**ものとして取り扱います。

4 遅刻早退控除・欠勤控除

1 ノーワーク・ノーペイの原則

　給与明細書には、遅刻早退控除と欠勤控除の欄があります。これは、文字どおり、遅刻や早退をした場合に給与から差し引かれる金額（遅刻早退控除）と、私用などで会社を休んだ場合に給与から差し引かれる金額（欠勤控除）が記載されます。

　労働契約では、労働を提供する対価（対償といいます）として、賃金を受け取るという契約関係になっています。つまり、労働者には、所定労働時間労働するという義務を負う代わりに、対償として賃金を受け取る権利が発生します。逆接的にいえば、所定労働時間に働かなかった時間がある場合は、会社は働かなかった時間分の給与を支払う必要がなくなるのです。これを「ノーワーク・ノーペイの原則」といいます。給与は、働いた分の対価として支払うため、控除するのは当然といえます。

2 遅刻早退控除・欠勤控除の規定

　遅刻早退控除や欠勤控除については、労働基準法に規定がありません。そこで、会社によってさまざまな控除の規定が設けられています。

　欠勤控除の規定には、欠勤1日につき、**1年間の月平均の所定労働日数分の1**を控除するというものや、欠勤1日につき、**その月の所定労働日数分の1**を控除するというものなどがあります。

　その他、控除の対象とする給与の範囲などもさまざまです（例：基本給のみを対象とし、欠勤が4日以上となった場合に4日目から控除する）。給与計算事務が複雑にならないように、しかも、次に説明する減給の制裁の制限規定に違反しないように定めておく必要があります。

　遅刻早退の規定で一般的なものは、1時間当たりの賃金額に、遅刻早退により労働しなかった時間を乗じた額を差し引くというものです。

3　減給の制裁と規定の制限

　減給の制裁（ペナルティ）とは、職場の規律に違反した労働者に対する制裁として、本来ならその労働者が与えられるべき給与の中から一定額を差し引くことをいいます。労働基準法上、就業規則で、労働者に対して減給の制裁を定める場合においては、その減給は、1回の額が平均賃金（本章上級編④参照）の1日分の半額を超え、総額が一賃金支払期における賃金の総額の10分の1を超えてはならないという制限があります。

　「一賃金支払期における賃金の総額」とは、その賃金支払期に実際に支払われるべき賃金の総額をいいます。したがって、実際に支払われる賃金の総額が欠勤などのために少額となるときは、減給の制裁の額は、少額となった賃金の総額の10分の1以内としなければなりません。

　なお、減給の制裁の総額が「一賃金支払期における賃金の総額の10分の1」を超える部分は、次期以降の賃金支払期に繰り越して減給することができます。減給の制裁を定めた例として、次の場合があります。

●平均賃金の1日分1万円の社員が、無断遅刻を2回、会社に届け出た病気による欠勤が2日あり、欠勤分を差し引いた実際に支払われる賃金が25万円となった場合
①減給1回の額が平均賃金の1日分の半額を超えてはならない。
→無断遅刻1回の減給額が1万円の半額の5,000円を超えてはならない。
②減給総額が一賃金支払期の賃金の総額の10分の1を超えてはならない。
→減給額の総額が25万円の10分の1である2万5,000円を超えてはならない。

【減給の制裁の該当・非該当の例】

減給の制裁に該当する例	減給の制裁に該当しない例
①就業規則で30分に満たない遅刻・早退を常に30分に切り上げる定めをすること ②制裁として、従来と同一の業務に従事しているにもかかわらず賃金額だけを低下（降給、減俸）させること	①遅刻・早退又は欠勤があった場合に、労働の提供がなかった時間に相当する分の賃金額を控除すること ②就業規則で出勤停止及びその期間中の賃金を支払わない定めをすること ③交通事故を起こしたため、運転手を助手に格下げし、賃金額も助手の賃金に低下させること

上級編④ 給与計算に必要な平均賃金の算定

1 平均賃金とは

　平均賃金とは、減給の制裁や、休業手当、解雇予告手当などの算定の基礎となる賃金です。平均賃金は、労働基準法では「算定すべき事由の発生した日以前3か月間にその労働者に対し支払われた賃金の総額を、その期間の**総日数**（暦日数）で除した金額」と規定されています。

　平均賃金は、労働した1日当たりの賃金（労働単価）ではなく、休日も含めた1日当たりの額というとらえ方をします。なお、条文では「以前」となっていますが、実際には**算定事由発生日は含めずに算定**します。平均賃金の計算式は、次のとおりです。

$$\text{平均賃金} = \frac{\text{算定事由発生日以前3か月間に支払われた賃金総額}}{\text{算定事由発生日以前3か月間の総日数}}$$

　賃金締切日があるときは、直前の賃金締切日から起算します。

【算定基礎となる期間】

〈基本的な考え方〉

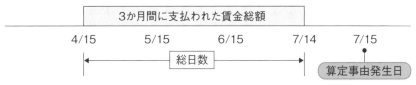

〈賃金締切日がある場合（毎月20日が賃金締切日の場合）〉

　その他、起算日（算定事由発生日）は次ページの表のとおりです。

【算定事由発生日】

算定事由	起算日
休業手当	休業を与えた日 （※）2日以上にわたるときは、その最初の日
年次有給休暇	年次有給休暇を与えた口 （※）2日以上にわたるときは、その最初の日
解雇予告手当	労働者に解雇の通告をした日 （※）解雇の予告をした後に、労働者の同意を得て解雇日を変更した場合も、当初の解雇の予告をした日
災害補償	死傷の原因となる事故発生の日又は診断によって疾病の発生が確定した日
減給の制裁	減給の制裁の通知などが労働者に到達した日

2 平均賃金の算定基準

（1）算定基礎となる賃金

次のものは、平均賃金の算定基礎となる賃金には含まれません。

①臨時に支払われた賃金
②3か月を超える期間ごとに支払われる賃金
③通貨以外のもので支払われた賃金で一定の範囲に属しないもの

上記①の「臨時に支払われた賃金」は、次のものとされています。

・臨時的・突発的事由に基づいて支払われたもの

・結婚手当など、支給条件はあらかじめ確定しているが、支給事由の発生が不確定であり、かつ非常にまれに発生するもの

上記②の「3か月を超える期間」は、賃金の支払期間ではなく、賃金の計算期間です。6か月通勤定期券代を年2回支給したような場合は、各月分の賃金の前払いとされるため、賃金総額に含めます。また、年3回以内の賞与は、平均賃金の算定の基礎から除外されます。ただし、支給額が確定しているものは、ここでいう賞与に該当しないとされ、賃金総額に含めなければなりません。

上記③の「通貨以外のもので支払われた賃金で一定の範囲に属しないもの」は、法令又は労働協約で定められていない現物給与が該当します。

（2）算定基礎から除外される期間及び賃金

　次の期間は、算定期間から日数を、賃金の総額からこの期間中の賃金を、それぞれ控除して、**残余の期間の日数と賃金額**で平均賃金を算定します。

①業務上、負傷又は疾病により療養のために休業した期間
②産前産後の女性が、労働基準法の規定によって休業した期間
③使用者の責めに帰すべき事由により休業した期間
④育児・介護休業法に基づく育児休業又は介護休業した期間
⑤試みの使用期間

　上記⑤の「試みの使用期間」中に算定事由が発生した場合は、使用期間中の日数及び賃金により平均賃金を計算します。

（3）最低保障

　次の場合は、平均賃金に最低保障額が定められています。

【平均賃金の最低保障額】

①賃金が、日給、時間給、出来高払制その他の請負制の場合

$$\frac{賃金の総額}{当該期間中に労働した日数} \times \frac{60}{100}$$

②賃金の一部が月、週その他一定の期間によって定められている場合

$$\frac{\left(\begin{array}{c}月、週その他一定の期間によって\\定められている部分の賃金の総額\end{array}\right)}{月、週その他一定の期間の総日数} + 上記①の方法で求めた金額$$

（4）雇入れ後3か月未満の者

　雇入れ後3か月に満たない者の平均賃金は、雇入れ後の期間とその期間中の賃金の総額で算定します。なお、この場合でも、賃金締切日があるときは、直前の賃金締切日から起算します。

5　非課税通勤費・課税通勤費

1　公共交通機関等の場合

　通勤費は、会社に通勤するための実費相当部分であることから、税法上は原則として税金がかかりません（非課税扱い）。

　非課税となる**限度額は1か月当たり15万円**です。したがって、15万円を超えた金額に対しては、所得税が課税されることになるため、給与明細書では、「非課税通勤費」と「課税通勤費」とに区別しています。

　通勤費は、多くの会社では、1か月、3か月又は6か月の定期券の購入代金を支給しています。通勤のため、公共交通機関又は有料道路を利用する人に支給する通勤手当や、定期券代など通勤にかかる運賃は、時間・距離といった事情に照らし、「最も経済的かつ合理的」と認められる、通常の通勤の経路及び方法による運賃などの額となります。

2　マイカー通勤等の場合

　自転車やバイク、自家用自動車などで通勤している人の場合、次のように、通勤する距離に応じて非課税となる限度額が決められています。

【自家用自動車などを使用する場合の非課税となる限度額】

片道の通勤距離	1か月当たりの非課税となる限度額
2km未満	（全額課税）(※)
2km以上10km未満	4,200円
10km以上15km未満	7,100円
15km以上25km未満	12,900円
25km以上35km未満	18,700円
35km以上45km未満	24,400円
45km以上55km未満	28,000円
55km以上	31,600円

※片道の通勤距離が2km未満の場合、距離が短いためにマイカー等を利用する必要性が乏しいと考えられることから、金額にかかわらず課税されます。

3 課税の通勤費

派遣社員などによくみられますが、時給や基本給に通勤費が含まれているときは、通勤費相当額は非課税という取扱いはできず、**全額が給与として課税対象**となります。

また、役員などがタクシーや専属ハイヤーにより通勤するような場合は、「経済的かつ合理的」経路及び方法による非課税分を超えた金額について課税されます。

〈参考〉旅費の扱い

非課税とされる旅費の範囲は所得税法で定められていますが、次の旅行に必要な支出に充てるための金品で、その「旅行について通常必要と認められるもの」には課税されません。

①勤務する場所を離れて職務を遂行するために行う旅行
②転任に伴う転居のために行う旅行
③就職や退職した人の転居又は死亡により退職した人の遺族が転居のために行う旅行

上記①〜③は、その旅行の目的、目的地、行路、期間の長短、旅行者の職務内容及び地位などからみて、その旅行に通常必要とされる費用の支出に充てられると認められる範囲内のものに限られます。また、一般的な金額と比べて相当かということも勘案されます。

 社会保険における通勤手当の端数処理

例えば、6か月分の通勤定期代を通勤手当として支給するような場合、
●社会保険の標準報酬月額を決定・改定する際は、通勤手当の1か月当たりの金額を求めます。計算過程で端数が出た場合は、切り捨てる処理で差し支えないとされています。
●雇用保険の保険料は、賃金を支払う都度その賃金から控除するため、保険料を計算する際、通勤手当の1か月当たりの金額を求める必要はなく、支給された通勤手当を全額計上してその計算を行います。したがって、通勤手当を端数処理する必要はありません。

上級編⑤　現物給与（経済的利益）の取扱い

1　現物給与（経済的利益）の所得税の取扱い

　労働者が使用者から受ける金銭以外の物（経済的利益を含む）で、職務の性質上欠くことのできないものとして政令で定めるものは、非課税として取り扱われます。例えば、制服などが該当します。

　この「経済的利益」は、「現物給与」と呼ばれ、品物や権利などを無償又は低価額で提供した場合に与える利益です。現物給与は、原則として給与所得になりますが、一定のものについては非課税とされます。非課税となる現物給与の代表的なものが、食事の支給と社宅の貸与です。以下、それぞれについて説明します。

（1）食事の支給

　以下①②の要件をどちらも満たしていれば、食事の支給により受ける経済的利益はないものとして非課税とされます。

①支給した食事（残業又は宿日直をした人に対する食事は除きます）につき、実際の食事価額の「50％相当額以上」を本人が負担している場合
②実際の食事価額から本人が負担している額を控除した残額が1か月当たり「3,500円以下」である場合

　この要件を満たさない場合は、実際の食事の価額から本人が負担している額を控除した会社負担分全額が課税されます。

（2）社宅の貸与

　自社所有の住宅や借上げ社宅などを「無償で貸与」する場合又は「定額の賃貸料だけを徴収」する場合は、社宅の貸与により受ける経済的利益があるとして課税対象となります。

　ただし、「通常の賃貸料の額の50％以上の賃貸料を徴収」している場合は、経済的利益はないものとして、非課税とされます。

2 現物給与（経済的利益）の社会保険の取扱い

　報酬や賞与の全部又は一部が金銭以外のもので支払われる場合（現物給与）、現物の価額は地方の時価によって、厚生労働大臣が定めることとなっています。

【厚生労働大臣が定める現物給与の価額（一部抜粋）】

令和6年4月1日時点（単位：円）

都道府県名	食事で支払われる報酬等					住宅で支払われる報酬等	その他の報酬等
	1人1カ月当たりの食事の額	1人1日当たりの食事の額	1人1日当たりの朝食のみの額	1人1日当たりの昼食のみの額	1人1日当たりの夕食のみの額	1人1カ月当たりの住宅の利益の額（畳1畳につき）	
埼玉県	22,500	750	190	260	300	1,810	時価
千葉県	22,800	760	190	270	300	1,760	時価
東京都	23,400	780	200	270	310	2,830	時価
神奈川県	23,100	770	190	270	310	2,150	時価

（1）食事の支給

　支給した食事につき、厚生労働大臣が定める現物給与の価額（上表参照）の「3分の2相当額以上」を食費として徴収している場合には、現物給与ではないとされ、社会保険料の算定の基となる報酬月額に算入されません。

　ただし、「3分の2相当額に満たない」場合には、厚生労働大臣が定める現物給与の価額と徴収額の差額が現物給与とされ、社会保険料の算定の基となる報酬月額に算入されます（下図参照）。

【食事の支給に対する社会保険の取扱い】

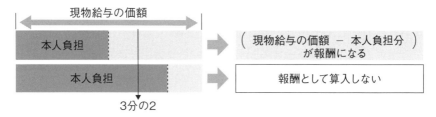

【食事の支給に対する社会保険の計算例】

・事業所の場所：東京都
・支給内容：月20日・昼食のみ
・社員からの徴収額：1食当たり70円

厚生労働大臣が定める現物給与の価額 ― 徴収額＝ 現物給与

（270円 ― 70円）× 20日 ＝ 4,000円
→4,000円が現物給与とされ、社会保険料の算定の基となる報酬月額に算入

（2）住宅の貸与

　厚生労働大臣が定める現物給与の価額（前ページの上表参照）から計算します。なお、食事の支給とは異なり、3分の2相当などの基準はありません。

　住宅の価額は1畳を単位として設定されます。価額の計算に当たっては、居間、茶の間、寝室、客間、書斎、応接間、仏間、食事室などの居住用の部屋を対象とします（下図参照）。

【住宅の貸与に対する社会保険の取扱い】

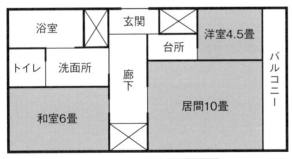

　住宅の価額については、労働者（被保険者）の居住地ではなく、被保険者に対する人事、労務及び給与の管理がなされている適用事業所の所在地で決定します。

例えば、適用事業所である本社が東京都にあり、東京勤務で神奈川県に居住している場合は、東京都の価額が現物給与の価額となります。

　では、本社と支店等が合わせて1つの適用事業所となっており、本社で人事、労務及び給与の管理がまとめてなされている場合は、どのように判断するのでしょう。

　このような場合は、本社で勤務する労働者（被保険者）は本社の所在地で、支店等に勤務する労働者（被保険者）は支店等の所在地で、それぞれ決定します。特に、支店等に勤務している労働者（被保険者）の取扱いに注意しましょう。

　例えば、東京本社において神奈川支店を管理している場合において、神奈川支店に勤務している者については、神奈川県の価額が現物給与の価額となります。

　なお、派遣労働者の場合には、実際の勤務地（派遣先の事業所）ではなく、派遣元の事業所の所在地で決定します。

【住宅の貸与に対する社会保険の計算例】

・事業所の場所：東京都
・貸与内容：居住用の部屋10畳
・社員からの徴収額：家賃10,000円

厚生労働大臣が定める現物給与の価額 × 畳枚数 ＝ 住宅の価額

2,830円 × 10畳 ＝ 28,300円

住宅の価額 － 徴収額 ＝ 現物給与

28,300円 － 10,000円 ＝ 18,300円

→18,300円が現物給与とされ、社会保険料の算定の基となる報酬月額に算入

第 4 章

「控除項目欄」からわかる
給与計算の仕組み

1 給与明細書の「控除項目欄」

1 控除項目の確認

　控除項目に関する処理は、給与計算業務で重要なものの1つです。毎月の給与から、社会保険料や税金をはじめいろいろなものを控除します。

　働いた対価である給与から、お金を強制的に控除するわけであり、控除項目に関しては法律で厳格に取り決められています。

　給与明細の支給項目の下に控除項目の欄があります。控除項目は、法律で控除しなければならないもの（**法定控除**）と、会社と労働者との取り決め（**労使協定**）で控除されるものの2つがあります。

【給与明細書の例】

<table>
<tr><td rowspan="6">控除</td><td>健康保険</td><td>介護保険</td><td>厚生年金</td><td>雇用保険</td><td>社会保険調整</td><td>社会保険合計</td><td>課税対象額</td><td></td><td></td></tr>
<tr><td>23,453</td><td>3,760</td><td>43,005</td><td>2,914</td><td>0</td><td>73,132</td><td>400,543</td><td></td><td></td></tr>
<tr><td>所得税</td><td>住民税</td><td>税調整</td><td></td><td></td><td></td><td></td><td></td><td></td></tr>
<tr><td>10,040</td><td>26,700</td><td>0</td><td></td><td></td><td></td><td></td><td></td><td></td></tr>
<tr><td>生命保険</td><td>財形貯蓄</td><td></td><td></td><td></td><td></td><td></td><td>控除計</td><td>控除合計</td></tr>
<tr><td>0</td><td>0</td><td></td><td></td><td></td><td></td><td></td><td>36,740</td><td>109,872</td></tr>
</table>

　法定控除には、健康保険・介護保険・厚生年金保険・雇用保険などの社会保険料と、所得税・住民税などの税金があります。

　労使協定による控除には、財形貯蓄や社内預金、生命保険料などがあります。会社の都合で勝手に給与から控除することはできません。

2 控除の順番

　第1章でも述べたように、「控除項目」の計算は、給与計算の3ステップの1つです。

　控除項目の計算を正確に行うためには、3つのステップがあります。次のように控除していくと、給与計算の間違いが少なくなります。

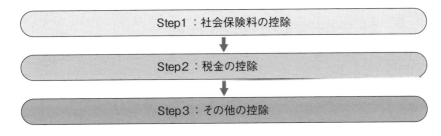

以下に、それぞれについて説明します。

Step 1　社会保険料の控除

　給与から控除する社会保険料とは、健康保険・介護保険・厚生年金保険（厚生年金基金を含みます）・雇用保険の保険料です。労災保険の保険料は、会社が全額負担するため、給与からの控除はありません。

Step 2　税金の控除

　社会保険料控除後の金額に対して、所得税を求め、税額を控除します。所得税は、課税支給額から**社会保険料を控除した後の金額に課税される**点がポイントになります。

　一方、住民税は、**前年の所得に応じて徴収**されることになっており、給与からは、市区町村から通知された税額を控除することになります。

Step 3　その他の控除

　労働組合費、社宅家賃、団体保険料、互助会会費、従業員持株会拠出金など、労使協定で定めたものを控除していきます。

2 社会保険料控除の計算

1 健康保険料・介護保険料・厚生年金保険料の計算

　健康保険料・介護保険料・厚生年金保険料は、健康保険・厚生年金保険の保険料額表（巻末付録②参照）に示された標準報酬月額により決まります。そして、標準報酬月額の決定方法に基づく等級に応じた保険料を控除していきます。標準報酬月額の決定方法は、第5章で詳しく説明します。

【給与明細書の例】

	健康保険	介護保険	厚生年金	雇用保険	社会保険調整	社会保険合計	課税対象額		
	23,453	3,760	43,005	2,914	0	73,132	400,543		
控除	所得税	住民税	税調整						
	10,040	26,700	0						
	生命保険	財形貯蓄					控除計	控除合計	
	0	0					36,740	109,872	

【健康保険・厚生年金保険の保険料額表 （一部抜粋）】

令和6年3月分（4月納付分）からの健康保険・厚生年金保険の保険料額表

▶健康保険料率：令和6年3月分〜　適用　　▶厚生年金保険料率：平成29年9月分〜　適用
▶介護保険料率：令和6年3月分〜　適用　　▶子ども・子育て拠出金率：令和2年4月分〜　適用

（東京都）　　　　　　　　　　　　　　　　　　　　　　　　　　　　　　　　　　　　　（単位：円）

標準報酬		報酬月額		全国健康保険協会管掌健康保険料				厚生年金保険料（厚生年金基金加入員を除く）	
				介護保険第2号被保険者に該当しない場合		介護保険第2号被保険者に該当する場合		一般、坑内員・船員	
				9.98%		11.58%		18.300%※	
等級	月額			全額	折半額	全額	折半額	全額	折半額
		円以上	円未満						
1	58,000	～	63,000	5,788.4	2,894.2	6,716.4	3,358.2		
21 (18)	280,000	270,000 ～	290,000	27,944.0	13,972.0	32,424.0	16,212.0	51,240.00	25,620.00
22 (19)	300,000	290,000 ～	310,000	29,940.0	14,970.0	34,740.0	17,370.0	54,900.00	27,450.00
23 (20)	320,000	310,000 ～	330,000	31,936.0	15,968.0	37,056.0	18,528.0	58,560.00	29,280.00
24 (21)	340,000	330,000 ～	350,000	33,932.0	16,966.0	39,372.0	19,686.0	62,220.00	31,110.00
25 (22)	360,000	350,000 ～	370,000	35,928.0	17,964.0	41,688.0	20,844.0	65,880.00	32,940.00
26 (23)	380,000	370,000 ～	395,000	37,924.0	18,962.0	44,004.0	22,002.0	69,540.00	34,770.00

◆令和6年度における全国健康保険協会の任意継続被保険者について、標準報酬月額の上限は、300,000円です。

　健康保険料と介護保険料は、会社が加入している健康保険が全国健康保険協会（協会けんぽ）か健康保険組合かによって異なります。

　また、協会けんぽの保険料率は都道府県別となっているため、適用事業所の都道府県の対象となる保険料率（巻末付録③参照）で計算します。

報酬月額が635,000円以上の場合の厚生年金保険料は、標準報酬月額650,000円（厚生年金32等級）の欄の金額を使用します。この欄が厚生年金保険料の最高額になります。

　報酬月額が1,355,000円以上の場合の健康保険・厚生年金保険料は、健康保険料は、標準報酬月額1,390,000円（健康保険50等級）の欄を、厚生年金保険料は、標準報酬月額650,000円（厚生年金32等級）の欄の金額を使用します。

COLUMN
健康保険の被保険者の保険料について

　健康保険の被保険者の保険料は、被保険者が「介護保険第2号被保険者（被保険者のうち40歳以上65歳未満の者をいいます）」であるか否かによって異なります。

区分	保険料
介護保険第2号被保険者である被保険者	一般保険料（都道府県単位保険料率による保険料）＋介護保険料
介護保険第2号被保険者でない被保険者	一般保険料（都道府県単位保険料率による保険料）のみ

　このことについて、**健康保険組合**には特定被保険者の制度という例外的な規定があります。特定被保険者とは、「介護保険第2号被保険者でない被保険者のうち、介護保険第2号被保険者である被扶養者がある者」をいいます。つまり、本人は40歳未満又は65歳以上ですが、その被扶養者が40歳以上65歳未満である者をいいます。

　健康保険組合では、特定被保険者の保険料を「一般保険料＋介護保険料」とすることができます（規約で定めることが必要）。

　そうすることで、1人当たりの介護保険料の負担を減らそうというものです。

　なお、**協会けんぽにはこのような例外的な規定はありません。**

（1）健康保険料・介護保険料・厚生年金保険料の負担・控除・納付

保険料の負担などについて、次のようなルールがあります。

> ① 保険料は、会社（事業主）と社員（被保険者）が折半で負担する。
> ② 事業主は、報酬から、被保険者の負担すべき前月分の保険料を控除することができる（ただし、月末退職の場合は、前月分及びその月分の保険料を控除することができる）。
> 　言い方を変えると、その月分の保険料を、その翌月に支払う報酬から控除することが原則である。
> 　例えば、8月分の保険料を控除できるのは、月末退職の場合を除き、9月に支払う報酬ということになる。〔原則、翌月控除〕
> ③ 事業主は、被保険者負担分と事業主負担分を合わせた保険料を、**翌月末日まで**に納付しなければならない。納付先は、年金事務所など。

（2）健康保険料・介護保険料・厚生年金保険料の注意点

　健康保険料・介護保険料・厚生年金保険料は、月を単位として徴収されます。被保険者の資格を取得した月から、被保険者の資格を喪失した月の前月まで（末日退職は退職月まで）が保険料の徴収月となります。

　原則翌月控除となりますので、例えば、4月1日入社の人は、翌月5月の給与支給日に4月分の保険料を控除します。

　なお、介護保険料は、被保険者が40歳以上65歳未満である場合（介護保険第2号被保険者に該当する場合）に健康保険料と合わせて徴収・控除します。

　会社の給与の締め日と支払日によって、さまざまなパターンがあります。

事例1

当月末日締め、翌月25日払いの会社

入社時

・4月1日入社……4月から保険料が発生し、翌月の5月25日が支払日である4月分の給与から保険料を控除し始める。

退職時

・3月30日退社……3月30日に退社ということは3月31日が喪失日となり、喪失した月の前月である2月までが保険料徴収月となる。3月25日が支払日である2月分の給与から保険料を控除して終了する（最後の給与からは控除しない）。

・3月31日退社……3月31日に退社ということは4月1日が喪失日となり、喪失した月の前月である3月までが保険料徴収月となる。4月25日が支払日である3月分の給与から保険料を控除する（最後の給与からも控除する）。

事例2

当月末日締め、当月25日払いの会社（締め日の到来前にその月分の給与を支払っている会社）

入社時

・4月1日入社……4月から保険料が発生するが、4月25日が支払日である4月分の給与からは、保険料を控除できない。翌月の5月25日が支払日である5月分の給与から保険料を控除し始める。

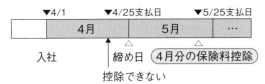

退職時

・3月30日退社……3月30日に退社ということは、3月31日が喪失日となり、喪失した月の前月である2月までが保険料徴収月となる。3月25日が支払日である3月分の給与から、保険料を控除して終了する。

・3月31日退社……3月31日に退社ということは、4月1日が喪失日となり、喪失した月の前月である3月までが保険料徴収月となる。この場合、3月25日が支払日である3月分の給与から、2月と3月の2か月分の保険料を控除することができる。

（3）介護保険料発生の時期

　介護保険の被保険者となるのは40歳からです。そのため、40歳に達した健康保険の被保険者である社員からは、新たに介護保険料を控除しなければなりません。毎月の給与計算の際に、社員データの生年月日を元に40歳に到達する人を確認し、給与計算に反映させることが必要です。なお、「40歳に達する日」とは、40歳の誕生日の前日をいいます。つまり、40歳の誕生日の前日に介護保険の被保険者となり、誕生日の前日の月分から保険料が発生することになります。特に１日生まれの人については注意が必要です。

【介護保険料の発生月の例】

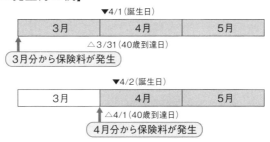

〈参考〉子ども・子育て支援法に基づく「子ども・子育て拠出金」

　厚生年金保険の適用事業所の事業主は、厚生年金保険の保険料と合わせて、「子ども・子育て拠出金」も納付しなければならないこととされています。これは、児童手当の支給に要する費用等に充てるために徴収されるものです。

　子ども・子育て拠出金の額は、厚生年金保険の保険料の算定基礎となる標準報酬月額（賞与支払時には標準賞与額）に、次の率を乗じて得た額です。

●子ども・子育て拠出金率……令和６年度1000分の3.6

　なお、全額会社負担なので、社員の給与からは控除されません。

2 雇用保険料の計算

雇用保険料は、賃金を支払う都度、支払額に応じた金額を控除することになります。控除する雇用保険料の計算式は、次のとおりです。

雇用保険料 ＝ **賃金の総支給額 × 雇用保険料率**
（労働者負担分）　　　　　　　　（労働者負担分）

雇用保険料率により計算した被保険者負担分に、1円未満の端数が出たときは、次のように取り扱います。

・被保険者負担分の端数が50銭以下　→　切捨て
・被保険者負担分の端数が50銭超　　→　切上げ

【雇用保険料の対象・対象外となる賃金】

賃金に含まれるもの	賃金に含まれないもの
基本給、超過勤務手当、深夜手当、休日手当、通勤手当（通勤定期券）、家族手当、教育手当、日直手当、役職手当、地域手当、住宅手当、単身赴任手当、技術手当、精勤手当、調整手当　など	結婚祝金、死亡弔慰金、災害見舞金、出張旅費・宿泊費（実費弁償的なもの）、会社が全額負担する生命保険の掛金　など

【雇用保険料率】　　　　　　　　　　　　　　（令和6年4月〜翌年3月）

負担者 事業の種類	① 労働者負担（失業等給付・育児休業給付の分のみ）	② 事業主負担			①＋② 雇用保険料率
			失業等給付・育児休業給付の分	雇用保険二事業の分	
一般の事業	6／1000	9.5／1000	6／1000	3.5／1000	15.5／1000
農林水産・清酒製造の事業	7／1000	10.5／1000	7／1000	3.5／1000	17.5／1000
建設の事業	7／1000	11.5／1000	7／1000	4.5／1000	18.5／1000

・資格次郎さん、Ａ株式会社（一般の事業所）勤務
・基本給20万円、諸手当４万円、非課税通勤手当６万円（３か月分）
・４月分給与（３月21日～４月20日分）、４月25日支給
・一般の事業所の場合の雇用保険料率（被保険者負担分）6/1000

●雇用保険料の対象には非課税通勤手当も含まれる。

　→賃金の総支給額＝300,000円

●雇用保険料の被保険者負担分 ＝ 賃金の総支給額 × 雇用保険料率

　300,000円 × 6/1000 ＝ 1,800円

　→1,800円を４月25日支給分より控除する。

（※）　Ａ株式会社が建設業の場合は、雇用保険料率（被保険者負担分）

　　　　7/1000 により、300,000円 × 7/1000 ＝ 2,100円となる。

確　認　**雇用保険料計算時の注意点**

　通勤手当も雇用保険料の計算対象となります。

　雇用保険は、毎月の給与計算や賞与計算の際に、その都度対象となる賃金額に基づいて雇用保険料の被保険者負担分を計算します。

　事例のように３か月まとめて支給される場合は総額を賃金額に含めます。

　一方、健康保険、厚生年金保険の標準報酬月額を決定する際、通勤手当を３か月まとめて支給している場合は、３分の１の額を毎月の通勤手当として報酬に含める必要があります。

3 所得税控除の計算

1 所得税の控除額の基準

　所得税は、社会保険料等控除後の金額に対して課税されます。

　給与から控除する**源泉所得税**は、「給与所得の源泉徴収税額表」（巻末付録⑥参照）で求めます。源泉徴収税額表には、「月額表」と「日額表」があります。月額表には「甲欄」と「乙欄」があり、日額表には「甲欄」と「乙欄」に加えて「丙欄」があります。

　月額表も日額表も「給与所得者の扶養控除等（異動）申告書」を提出している人は「甲欄」が適用され、提出していない人、及び、2か所以上からの給与の支払を受ける人で他の会社について申告書を提出している人は「乙欄」が適用されます。

2 所得税の計算方法

（1）給与所得者の扶養控除等（異動）申告書の提出

　給与所得者の扶養控除等（異動）申告書は、原則として、**1年の最初の給与の支払を受ける日の前日までに**提出してもらいます。

　扶養親族（税法上、扶養の対象となる親族）がいない人も提出する必要があります。扶養親族等の数は、この給与所得者の扶養控除等（異動）申告書により把握します。なお、年内に扶養親族の増減など記載事項に異動があった場合には、基本的に、その異動の日後の最初の給与の支払日の前日までに、異動の内容等を記載した申告書を提出してもらい、年の途中でも、扶養親族等の数を変更することができます。

　2か所以上から給与を受ける場合には、主たる給与の支払者に対してのみ給与所得者の扶養控除等（異動）申告書を提出します。

【給与所得者の扶養控除等（異動）申告書】

(注) 源泉控除対象配偶者の欄については、配偶者がいても、その要件に該当しない
場合には、記入不要です。その場合も配偶者の有無の欄には記入が必要です。

（2）源泉徴収税額表への当てはめ

①源泉徴収税額表に当てはめる金額

　源泉徴収税額表には、その月の給与の金額から健康保険・介護保険・厚
生年金保険・雇用保険などの社会保険料を控除した金額を当てはめます。

　なお、当てはめる金額は、非課税通勤手当などの非課税分を除いた課
税合計から社会保険料を引いた額となる点も注意してください。

②源泉徴収税額表の見方

　源泉徴収税額表は、給与の支給を受ける人の扶養親族等の数を基に使
用します。

　ここでいう「扶養親族等の数」は、次のようにカウントします。

　　基本的には、源泉控除対象配偶者と控除対象扶養親族（老人扶養親族
　又は特定扶養親族を含む）との合計数を、「扶養親族等の数」とする。
　ただし、

a 給与の支払を受ける者が、障害者（特別障害者を含む）に該当する
場合には、その該当する数を「扶養親族等の数」に加算する。寡
婦・ひとり親や勤労学生に該当する場合についても同様。
b 給与の支払を受ける者の同一生計配偶者や扶養親族（年齢16歳未
満の人を含む）のうちに障害者（特別障害者を含む）又は同居特別
障害者に該当する者がいる場合には、これらの一に該当するごとに
1人を「扶養親族等の数」に加算する。

扶養親族等の数は、給与所得者の扶養控除等（異動）申告書から読み
取ります。「源泉控除対象配偶者」「同一生計配偶者」とは、次の者です。

○源泉控除対象配偶者→その年の12月31日現在、給与所得者（その年中
の所得の見積額が900万円以下である人に限ります）と生計を一にする配偶
者で、その年中の所得の見積額が95万円以下である者（下図太枠の部分）。

(注) 夫婦の双方がお互いに源泉徴収における源泉控除対象配偶者に係る控除の適
用を受けることができません。

○同一生計配偶者→その年の12月31日現在、給与所得者（その年中の
所得の見積額の多寡は問いません）と生計を一にする配偶者で、その
年中の所得の見積額が48万円以下である者（下図濃グレーの部分）。

【参考・配偶者に係る扶養親族等の数の数え方】

		給与所得者の合計所得金額〔見積額〕（給与所得だけの場合の給与所得者の給与等の収入金額〔見積額〕）			
		900万円以下（1,095万円以下）	900万円超950万円以下（1,095万円超1,145万円以下）	950万円超1,000万円以下（1,145万円超1,195万円以下）	1,000万円超（1,195万円超）
配偶者の合計所得金額〔見積額〕（給与所得だけの場合の配偶者の給与等の収入金額〔見積額〕）	48万円以下（103万円以下）	1人	0人	0人	0人
		配偶者が障害者に該当する場合は1人加算			
	48万円超95万円以下（103万円超150万円以下）	1人	0人	0人	0人
	95万円超（150万円超）	0人	0人	0人	0人

(注) 給与等に対する源泉徴収税額の計算における扶養親族等の数は、上図により求めた配偶者に係
る扶養親族等の数に、次の控除対象扶養親族に係る扶養親族等の数等を加えた数となります。
また、表中の太枠内は源泉控除対象配偶者です。

また、「控除対象扶養親族」とは、次の者です。

○控除対象扶養親族→その年の12月31日現在、給与所得者と生計を一にする親族等（配偶者を除きます）で、その年中の所得の見積額が48万円以下である者のうち、年齢16歳以上の者。

> 控除対象扶養親族には、年齢16歳未満の者は含まれない。

なお、扶養親族が国外居住親族である場合、年齢が30歳以上70歳未満の人には、別途要件があります。

〈控除対象扶養親族となり扶養控除の対象となる国外居住親族〉

その要件を整理すると次のとおり。

① 年齢16歳以上30歳未満の者

② 年齢70歳以上の者

③ 年齢30歳以上70歳未満の者のうち、次のいずれかに該当する者

a 留学により国内に住所及び居所を有しなくなった者

b 障害者

c その居住者からその年において生活費又は教育費に充てるための支払を38万円以上受けている者

〈参考〉老人扶養親族とは、控除対象扶養親族のうち、その年の12月31日現在、年齢70歳以上の者をいい、特定扶養親族とは、控除対象扶養親族のうち、その年の12月31日現在、年齢19歳以上23歳未満の者をいいます。源泉徴収の際の扶養親族等の数の数え方に影響はありませんが、年末調整の際には、所得控除の税額に違いが出てきます。

事　例

- ・試験三郎さん、B株式会社勤務
- ・給与の支給額（課税合計）348,000円
- ・給与から控除する社会保険料合計52,884円
- ・扶養親族等の数3人

【給与所得の源泉徴収税額表（月額表）】（一部抜粋）

その月の社会保険料等控除後の給与等の金額		甲								乙
		扶　養　親　族　等　の　数								
		0 人	1 人	2 人	3 人	4 人	5 人	6 人	7 人	
以上	未満	税					額			税　額
円 290,000	円 293,000	円 8,040	円 6,420	円 4,800	円 3,190	円 1,570	円 0	円 0	円 0	円 50,900
293,000	296,000	8,140	6,520	4,910	3,290	1,670	0	0	0	52,100
296,000	299,000	8,250	6,640	5,010	3,400	1,790	160	0	0	52,900
299,000	302,000	8,420	6,740	5,130	3,510	1,890	280	0	0	53,700
302,000	305,000	8,670	6,800	5,250	3,630	2,010	400	0	0	54,500

● 社会保険料等控除後の給与等の金額

　給与の支給額（課税合計） − 給与から控除する社会保険料合計

　→ 348,000円 − 52,884円 ＝ 295,116円

● その月の所得税額

　295,116円が含まれる欄（293,000円以上296,000円未満）の行と、扶養親族等の数（甲欄）3人の列との交わるところに記載されている金額→ 3,290円

〈参考〉復興特別所得税

　平成25年1月より、「復興特別所得税」の納付が義務付けられました。源泉徴収税額表は、復興特別所得税が含まれた税額になっています。

〈補足〉令和6年分所得税については、定額減税に関する事務が必要となりますが、ここでは省略します（「！重要な制度改正のまとめ」参照）。

3 所得税の納付

　給与から控除した所得税は、原則として、その給与を支払った月の**翌月10日**までに納付しなければなりません。納付先は、その会社の所在地の所轄税務署です。

　なお、常時10人未満の小規模事業所を対象として、給与から控除した所得税を、年2回にまとめて納付する納期の特例の制度もあります。

　その場合の納期は、7月10日まで（1月から6月までに控除した所得税を納付）と、1月20日まで（7月から12月までに控除した所得税を納付）です。

4 住民税控除の計算

1 住民税の控除額の基準

　住民税は、市町村民税（特別区民税）と道府県民税（都民税）の総称で、それぞれ市区町村と都道府県に対して納付する税金です。住民税は、前年度の所得に対して課税・徴収される点で所得税と異なっています。会社（給与の支払をする者）が所得税の源泉徴収をしている場合には、原則として社員の給与から住民税を徴収して納付しなければならないこととなっていますが、これを**特別徴収**といいます。また、市区町村に個人が直接納付する方法を**普通徴収**といいます。

2 住民税の徴収と納付の流れ

①給与支払報告書の提出

　市区町村は、会社が提出する給与支払報告書によって社員の年間の給与所得を把握します。給与支払報告書は、毎年1月31日までに、前年の給与支払総額等を記入し、社員の1月1日現在の住所地の市区町村に提出します。

②特別徴収税額通知書

　上記①に基づいて計算された個人の住民税額は、毎年5月31日までに会社宛てに「特別徴収税額通知書」により通知されます。

③給与からの控除

　上記②の特別徴収税額通知書には、その社員の住民税額が記載されています。そして、その額を12等分した額が、6月分から翌年の5月分までの各月の納付額として示されています。なお、12等分した額に100円未満の端数が生じるときは、最初の納付額である6月分にまとめられることになっています。

　会社は、この通知書に従って、その社員の給与等から住民税を控除し、市区町村に納付する必要があります。

〈補足〉令和６年度には、定額減税の影響で、特別徴収が変則的になりますが、こ
　　　　こでは省略します（「！重要な制度改正のまとめ」参照）。

④住民税の納付

　徴収した住民税額は、原則として、翌月10日までに納付しなければ
なりません。納付先は、社員の住所地の市区町村です。

　なお、常時10人未満の小規模事業所を対象として、特別徴収した住
民税を、年２回にまとめて納付する納期の特例の制度もあります。

　その場合の納期は、12月10日まで（６月分から11月分までの住民税
を納付）と、６月10日まで（12月分から５月分までの住民税を納付）
です。

3 　退職時の住民税控除

　退職時の住民税の控除については、次の３つがあります。いずれの方
法で残額を納めるかを、会社が市区町村に届け出ます。

①普通徴収へ切り替え

②最後の給与で一括徴収

③特別徴収継続……転職先で住民税の特別徴収を継続する。

　６月１日〜12月31日の退職の場合は、３つの取扱いのいずれも選択
することが可能です。ただし、１月１日〜５月31日の退職の場合は、
原則②の一括徴収となります。

確認

所得税と住民税の控除の流れ

・所得税：「１月から毎月控除（概算払い）」→「12月の年末調整で税
　　　　　額決定」→「精算」

・住民税：「１月〜12月の所得で税額決定」→「翌年６月から毎月分割
　　　　　後払い」→「翌々年５月に納付完了」

第 5 章

社会保険の事務手続

1 標準報酬月額の資格取得時決定・定時決定

1 標準報酬月額の資格取得時決定

　健康保険・介護保険・厚生年金保険の社会保険料は、社員（被保険者）各自の標準報酬月額を基に計算します。標準報酬月額は、被保険者の資格を取得したとき（入社時など）に、今後支払う給与（報酬）の額により決定します。これを資格取得時決定といいます。

　資格取得時決定で決まった標準報酬月額は、資格取得日（入社日等）が1月1日～5月31日である場合はその年の8月まで、6月1日～12月31日である場合は翌年の8月まで適用されます。

　資格取得時の標準報酬月額は、次の基準を基に決定します。

---

①月、週その他一定期間によって報酬が定められる場合
　a．月給の場合
　　月給として定められた額 ＝ 報酬月額
　b．週その他一定期間によって定められる場合
　　被保険者の現在の報酬の額 ÷ その期間の総日数 × 30
　　＝ 報酬月額
②日、時間、出来高又は請負によって報酬が定められる場合
　被保険者の資格を取得した月の前の1か月間に、同様の業務に従事し、かつ、同様の報酬を受けた者がいる場合、その報酬の額の平均額
③上記①②の規定によって算定することが困難な場合
　被保険者の資格を取得した月の前の1か月間に、その地方で同様の業務に従事し、かつ、同様の報酬を受けた者がいる場合、その報酬の額
④上記①～③のうち該当する報酬が2つ以上ある場合
　それぞれについて、上記①～③の該当する規定により算定した合計額

　なお、健康保険・厚生年金保険被保険者資格届（期限は5日以内（資格取得日を含む）、提出先は各地域の事務センター又は年金事務所^(※)）の提出がされていれば、資格取得時決定が行われることになります。

（※）保険者が健康保険組合に加入している場合はその組合に提出する必要があります（次の標準報酬月額に関する届出について同じ）。

> **用語解説** **標準報酬月額**
>
> 保険料額などの計算を行う際に、会社が支払った給与月額を報酬月額といいます。これを、区切りのよい幅で区分したものが標準報酬月額です。標準報酬月額の等級は、健康保険・介護保険では50等級、厚生年金保険では32等級に区分されています（巻末付録②参照）。

2 標準報酬月額の定時決定

社員（被保険者）に支払う給与は、昇給や残業代などにより毎月同額とはかぎりません。社会保険では事務作業の効率化を図るために4月・5月・6月に支払う給与を基にして、年1回、原則すべての被保険者について標準報酬月額の見直しを行います。これを定時決定といいます。

3 定時決定の流れ

（1）定時決定の対象者

標準報酬月額の見直しは、7月1日現在、被保険者である人が対象となります。

【定時決定の対象・対象外】

対象となる人	7月1日現在、被保険者である人
対象とならない人	・6月1日から7月1日までに被保険者資格を取得した人 ・6月30日までに退職した人 ・随時改定（本章第2節参照）又は育児休業などを終了した際の改定（本章第2節参照）により、7月～9月に標準報酬月額の変更が予定されている人

（2）標準報酬月額の決定

社員（被保険者）ごとに4月・5月・6月の3か月分の給与の平均額を計算して標準報酬月額の等級に当てはめ、新しい標準報酬月額を決定します。ただし、給与の支払の基礎となった日数（報酬支払基礎日数とか、支払基礎日数といいます）が**17日**[†] **未満の月は除きます**。

〔参考〕（†）いわゆる４分の３基準を満たさない短時間労働者である被保険者については、「17日」ではなく、「11日」と読替えて規定を適用します。以下の「17日」という部分についても同様です。
　　なお、２級の試験では、この「11日」と読替える取扱いは出題されません。
→４分の３基準については、第８章第２節参照。

　３か月とも給与の支払の基礎となった日数が17日未満など定時決定ができないような場合は、日本年金機構（年金事務所）や健康保険組合が標準報酬月額を決定します。

報酬支払基礎日数（支払基礎日数）とは？

　報酬（給与）の支払の基礎となった日数のことです。月給制の場合は、出勤日数に関係なく「暦日数」となりますが、報酬（給与）を欠勤日数に応じて減額した月については、「就業規則、給与規程等に基づき会社が定めた日数（所定労働日数）から欠勤日数を控除した日数」となります。

【標準報酬月額の決定】

①報酬支払基礎日数が17日未満の月がある場合の例（所定労働時間は通常と同様）

※５月の報酬支払基礎日数が17日未満であるため、５月は除外し、４月・６月の２か月分の給与の総額を２で割った額を基に決定する。

②５月１日に入社した場合の例

※４月は報酬がないため、４月は除外し、５月・６月の２か月分の給与の総額を２で割った額を基に決定する。
※翌月払いの場合は、５月勤務分が６月に支給されるため、６月分のみで決定する。

（3）定時決定の手順

①３か月分の給与の平均額の計算

　社員ごとに、４月・５月・６月の給与の平均額を計算します。給与に含まれるものは、社員に支給した報酬すべてです。算出した額を健康保険・厚生年金保険の保険料額表の報酬月額に当てはめる場合はそのままの額で

問題ありませんが、健康保険・厚生年金保険被保険者報酬月額算定基礎届に記載する場合、1円未満の端数が出たときは、円未満を切り捨てます。

【報酬となるもの】

通貨で支給されるもの	現物で支給されるもの
基本給、残業手当、家族手当、通勤手当、年4回以上支払った賞与など	食事、被服（勤務服でないもの）、社宅、通勤定期券など

【報酬とならないもの】

出張旅費、解雇予告手当、恩恵的な慶弔見舞金、傷病手当金、臨時に受けるもの（大入袋等）、賞与や決算手当で支給回数が年3回以下のもの

②年4回以上支払った賞与の加算

　賞与を年4回以上支払っているときは、7月1日前の**1年間に支払った賞与の総額の12分の1**を、4月・5月・6月の給与に加算します。

③通勤費の扱い

　通勤手当として、3か月や6か月ごとに通勤定期代を支給しているときは、月数で割って、1か月分の金額を4月・5月・6月の給与にそれぞれ加算します。

　会社が通勤定期券を購入し社員に支給しているときは、通勤定期券の各月分を4月・5月・6月の現物給与にそれぞれ加算します。1円未満の端数が出たときは、円未満を切り捨てます。

④末締め翌月払いの場合

　前月分を翌月に支払っている場合も、4月・5月・6月の給与で計算します。

【当月分を翌月に支払っている場合】

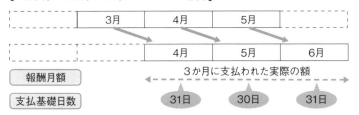

（4）定時決定の有効期間

　定時決定による標準報酬月額は、その年の9月から翌年の8月までの

1年間適用されます。つまり、社会保険料は、その年の9月分の給与から新しい標準報酬月額に基づいた額で控除することとなります。

┌─【定時決定の具体例】────────────────────────────┐

〈給与の支払内容〉　　　　　　　　　　　　　　　　　（単位：円）

給与支払月	基本給	家族手当	残業手当	通勤手当	支払総額
4月	260,000	20,000	10,000	10,000	300,000
5月	260,000	20,000	15,000	10,000	305,000
6月	260,000	20,000	25,000	10,000	315,000

①3か月分の給与の平均額の計算
　（4月300,000円 ＋ 5月305,000円 ＋ 6月315,000円）÷ 3 ≒ 306,666円
　（1円未満切捨て）
②標準報酬月額への当てはめ
　上記①で算出された額 306,666円

〈標準報酬月額保険料額表〉

等級		標準報酬月額	報酬月額（給与）	
健保	厚年		円以上	円未満
21	18	280,000	270,000～290,000	
22	19	300,000	290,000～310,000	

→標準報酬月額300,000円

└────────────────────────────────────┘

確認　**年間平均により決定する場合**

　業務の性質上、毎年4月・5月・6月に受け取る給与額が多くなることがあります。例えば、3月が決算の会社で、決算に関する業務が集中する3月から5月までの期間は、時間外労働が著しく多くなるという場合です。この場合、定時決定の際、4月・5月・6月の月平均額から算出した標準報酬月額では、本来の給与に見合わない高い標準報酬月額で決定されてしまいます。

　そこで、当年の4月・5月・6月の月平均額と、前年の7月から当年の6月までの1年間の月平均額から算出した報酬月額を基に算出した標準報酬月額を比較し、2等級以上の差があるときには、被保険者の同意を得た上で、会社が年金事務所、健康保険組合へ申し出を行い、1年間の月平均額から算出した報酬月額を基に標準報酬月額を決定します。

　なお、これまで、後述する随時改定にはありませんでしたが、平成30年10月以降、年間平均を考慮した随時改定が認められることになりました。

パートタイマーの定時決定（短時間就労者）

パートタイマーなど短時間就労者（4分の3基準は満たしているが正社員より短時間の労働条件で勤務する者）である被保険者については、算定方法が異なります。4月・5月・6月とも支払基礎日数が17日未満の場合は、15日以上の月の報酬額で平均額を計算します。

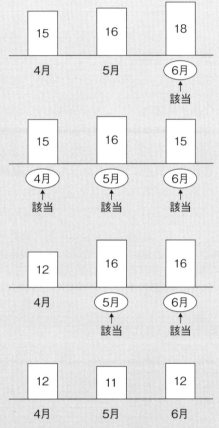

①1か月でも17日以上ある場合
　→17日以上の月の報酬月額の平均額を基に決定

②3か月とも15日以上17日未満の場合
　→3か月の報酬月額の平均額を基に決定

③2か月は15日以上17日未満、1か月は15日未満の場合
　→15日以上17日未満の2か月の報酬月額の平均額を基に決定

④3か月とも15日未満の場合
　→従前の標準報酬月額で決定

（注）なお、2級の試験では、この短時間就労者の取扱いは出題されません。4分の3基準については、第8章第2節参照。

（5）定時決定に関する手続

毎年、7月1日から7月10日までの間に、健康保険・厚生年金保険被保険者報酬月額算定基礎届（提出先は事務センター）の提出が必要です。

2 標準報酬月額の随時改定

1 標準報酬月額の随時改定とは

社会保険料は、本章第1節で述べた定時決定で決まった標準報酬月額を基に、その年の9月から翌年の8月までの1年間適用されます。しかし、給与月額に著しく変動があった場合は、年度の途中で標準報酬月額を改定する手続が行われます。これを随時改定といいます。

随時改定は、次のすべての要件に該当する場合に行います。

---

①固定的賃金^(※1)に変動があった、又は、給与体系の変更があった。

②昇給又は降給によって算定した額による標準報酬月額の等級と現在の等級との間に原則として2等級以上の差がある。

③固定的賃金に変動があった月から継続した3か月間の報酬支払基礎日数がいずれも17日以上^(※2)ある。

(※1) 固定的賃金とは、基本給、役付手当、家族手当、通勤手当などをいう。一方、残業手当、日直手当、精勤手当などは、非固定的賃金である。

(※2) 随時改定の対象となるには、固定的賃金に変動があった月から報酬支払基礎日数が17日以上の月が3か月継続していることが必要である。このうち1か月でも17日に満たない月がある場合は随時改定の対象にならない。なお、短時間労働者の場合は17日を11日に読替えます。

【随時改定の具体例】

9月までの標準報酬月額260,000円（健康保険・介護保険20等級、厚生年金保険17等級）

給与支払月	報酬支払基礎日数	固定的賃金	非固定的賃金	支払総額
9月	30日	260,000	5,000	265,000
10月	31日	280,000	20,000	300,000
11月	30日	280,000	19,000	299,000
12月	31日	280,000	15,000	295,000

①3か月分の給与の平均額の計算
(10月300,000円 ＋ 11月299,000円 ＋ 12月295,000円) ÷ 3 ＝ 298,000円
②標準報酬月額等級への当てはめ
標準報酬月額（健康保険・介護保険22等級、厚生年金保険19等級）300,000円

※従前の標準報酬月額：260,000円　改定後の標準報酬月額：300,000円
※2等級以上の差が生じるため、4か月目の翌年1月分より300,000円に変更となる。

2 随時改定の有効期間など

随時改定による標準報酬月額は、1月から6月までのいずれかの月に改定されたものは、原則として、その年の8月まで適用されます。7月から12月までのいずれかの月に改定されたものは、原則として、翌年の8月まで適用されます。

なお、手続としては、随時改定の要件に該当したら、速やかに、健康保険・厚生年金保険被保険者報酬月額変更届（提出先は年金事務所）の提出が必要です。

産前産後休業・育児休業等を終了した際の改定

産前産後休業終了後や育児休業終了後、短時間勤務などで給与月額が下がった場合には、随時改定の要件に該当しなくても、標準報酬月額が改定されます。これにより、被保険者の社会保険料の負担が軽くなります。

標準報酬月額に1等級でも差が生じた場合に改定が行われ、また、報酬支払基礎日数が17日未満の月がある場合は、17日未満の月を除外して算定します。なお、短時間労働者の場合は17日を11日に読替えます。

【育児休業終了後の改定の例】

●1月21日に育児休業を終了して職場復帰した場合

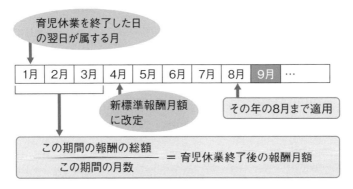

3 労働保険の年度更新

1 労災保険料と雇用保険料の申告納付

　労災保険と雇用保険の保険料を合わせて労働保険料と呼びます。労働保険料は、一保険年度（4月〜翌年3月分）について概算の保険料を計算して、申告納付します。翌年度の初めに前年度の保険料を確定して、概算で納めていた保険料と精算し、合わせて翌年度の概算の保険料を申告納付することになっています。

　このように、労働保険料は原則として1年に1回、毎年6月1日から7月10日までに精算し、毎年繰り返し申告納付を行います。これを**年度更新**といいます。

【年度更新の流れ】
●令和5年（2023年）度から令和7年（2025年）度の場合

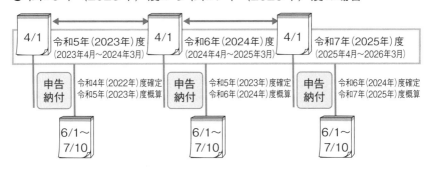

　なお、申告先は都道府県労働局の専門部署で、納付は日本銀行で行うこともできます（さまざまな経由規定もあります）。

2 年度更新の計算

（1）労災保険の保険料

　労災保険の保険料は、会社が全額負担します。そのため、給与から控除することはありません。保険料の額は、全労働者に支払う賃金総額に業種や業務内容によって定められている保険料率を乗じます。

> 労災保険料 ＝ 全労働者の賃金総額（確定額・見込額）× 労災保険率

ａ．計算の対象となる人

　計算の対象となる全労働者には、正社員だけではなく、兼務役員やパートタイマー・アルバイトなどの臨時的な労働者も含まれます。派遣社員については、派遣元で計算します。

ｂ．計算で用いる賃金総額

　確定保険料の計算では、支払の確定した賃金総額を用います。概算保険料の計算では、直前の保険年度の賃金総額の100分の50以上100分の200以下であるときには、賃金総額見込額は直前の保険年度の賃金総額を使います。また、賃金総額に1,000円未満の端数が出たときは、端数を切り捨てます。

ｃ．計算で用いる保険料率

　保険料率は、事業の種類により、1000分の2.5〜88です（巻末付録⑧参照）。

（2）雇用保険の保険料

　雇用保険の保険料は、会社と労働者で負担します。雇用保険に加入している労働者（被保険者）の毎月の給与から雇用保険料を徴収します。

> 雇用保険料 ＝ 雇用保険に加入している全労働者に支払う賃金総額（確定額・見込額）× 雇用保険料率

ａ．計算の対象となる人

　労働時間が週20時間以上の人など、雇用保険の被保険者が対象です。

b．計算で用いる賃金総額

　確定保険料の計算では、支払の確定した賃金総額を用い、概算保険料の計算では、直前の保険年度の賃金総額の100分の50以上100分の200以下であるときには、賃金総額見込額は直前の保険年度の賃金総額を使うことなどは、労災保険の保険料の計算と同様です。

　ただし、雇用保険の被保険者でない労働者の賃金は、賃金総額（見込額）から除きます。

c．計算で用いる保険料率

　保険料率は、事業の種類により、３段階で定められています（巻末付録⑤参照）。

第 6 章

賞与計算のしかた

1 賞与支払と手続

1 賞与

　賞与は会社によって、支給する月が異なります。金額も、事前に金額が決定している場合や、掛け率を決めて支給される場合などさまざまですが、その決定された支給額から保険料や税金を控除して手取り額を計算します。給与と賞与では、社会保険料などの計算のしかたが違います。

2 社会保険料控除

　健康保険・介護保険・厚生年金保険において、賞与とは被保険者が事業主から受ける賞与、決算手当など、その名称を問わず、実質的に賞与と同じ性質をもち、年3回以下で支給されるすべての報酬についていいます。年4回以上（7月から翌年6月までの間に）支給される賞与等については、保険料控除に関しては賞与として取り扱わず、定時決定で標準報酬月額に含めて保険料を控除します（第5章第1節参照）。

　賞与を支給したときには、「健康保険・厚生年金保険　被保険者賞与支払届」に社員ごとに支払った賞与額を記入して、5日以内に提出します。賞与を支払う予定の月に支払がなかった場合には、「賞与不支給報告書」を提出します。保険料の計算にあたっては標準賞与額を使います。

3 標準賞与額

　年3回以下支払われる賞与については、被保険者に支給される賞与の1,000円未満を切り捨てた額が保険料の対象となる賞与の額で、これを「標準賞与額」といいます。なお、健康保険においては、年度（毎年4月1日から翌年3月31日まで。以下同じ）の、標準賞与の累計額が上限額573万円を超えると、上限を超えた額に対しては保険料がかかりません。厚生年金保険では1回当たり150万円（同じ月に2回以上支給された時は合算して150万円）を標準賞与額の上限とします。上限を超え

た分については保険料はかかりません。

【標準賞与額の対象となるもの・対象とならないもの】

①対象となるもの	②対象とならないもの
a. 賞与（役員賞与も含む）、ボーナス、期末手当、決算手当、年末手当、夏（冬）季手当、越年手当、年末一時金、繁忙手当、勤勉手当など賞与と同じ性質をもつと認められるもので年間を通じて支給回数が3回までのもの b. 寒冷地手当など同じ性質をもつもので年間を通じて支給回数が3回までのもの c. 上記abのうち通貨で支給されるもののほか、自社製品など現物で支給されるもの	a. ①の賞与等で年間を通じて4回以上支給されるもの（定時決定で月額給与に算入） b. 恩恵的に支給される結婚祝金、病気見舞金など c. 大入り袋、退職金、解雇予告手当、年金、恩給、株主配当など

確認　標準賞与額の上限

健康保険	年度（4月1日から翌年3月31日まで）の累計額で573万円
厚生年金保険	支給1回につき150万円（同じ月に2回以上の支給の場合は合算して適用）

　同じ月に2回以上賞与を支給したときは、それらの合算額の1,000円未満を切り捨て、その月における標準賞与額とします。

発展　賞与から控除するもの

項目	控除する○　控除しない×
健康保険料	○
介護保険料（40歳以上65歳未満の人）	○
厚生年金保険料	○
雇用保険料	○
源泉所得税	○
住民税	×

2 社会保険料の控除

1 賞与からの社会保険料の控除

　賞与から控除する健康保険・介護保険・厚生年金保険料は、実際に支払われた賞与額（総支給額）から1,000円未満を切り捨てた額を標準賞与額として、これに各保険の保険料率を掛けた額となります。保険料は事業主と被保険者で負担します。

　また、退職する場合等で、**資格喪失日（退職日の翌日）が属する月**に支給された賞与については、保険料は控除しません。

　育児休業期間中で保険料が免除されている場合、賞与にかかる保険料も免除されます。また、賞与支給月に40歳に達するときは、介護保険料は賞与から（給与からの控除は翌月から）控除します。

 退職者6月29・30日退職の例

賞与支給日	退職日	資格喪失日	保険料徴収月	賞与からの徴収
6月10日	6月29日	6月30日	5月まで	なし
	6月30日	7月1日	6月まで	あり

2 社会保険料率

　健康保険料と介護保険料は、会社が加入している健康保険の種類（協会けんぽ又は健康保険組合）によって保険料率が異なります（第4章第2節参照）。保険料は、原則として事業主と被保険者が半額ずつ負担します。

【協会けんぽ・東京都の例】

①健康保険料 ＝ 標準賞与額 ×99.80/1000（協会けんぽ・東京都）
②介護保険料 ＝ 標準賞与額 ×16.00/1000（協会けんぽ・共通）
③厚生年金保険料 ＝ 標準賞与額 ×183.00/1000（全国共通）

※厚生年金基金に加入している場合は異なる料率
※各保険とも、被保険者負担分の1円未満の端数は50銭以下は切捨て、50銭を超える場合は切上げ

確認 **賞与の社会保険料の計算のしかた**

社会保険料 ＝ 標準賞与額 × 社会保険料率

3 労働保険料控除

　労災保険、雇用保険については、労働保険徴収法において扱いが定められています。徴収法では、賞与も月々の給与と同じように賃金として扱います。社会保険とは考え方が違う部分があるため、注意が必要です。賃金とは、賃金、給料、手当、賞与その他名称のいかんを問わず、労働の対償として事業主が労働者に支払うものをいいます。賞与かどうかということを判断して保険料を徴収するのではなく、賃金かどうかを判断し、賃金であれば保険料の対象とします。

　通貨以外のもので支払われるものについては、徴収法上「食事、被服及び住居の利益のほか、所轄労働基準監督署長又は所轄公共職業安定所長が定めるものは賃金となるが、それ以外のものは賃金としない」と定められています。控除する雇用保険料率は、事業の種類により異なり、1000分の6〜7です。

👉 **労災保険は、会社負担のみで個人負担はありません。**

雇用保険料 ＝ **賃金の総支給額** × **雇用保険料率**

3 源泉所得税の控除

1 所得税の控除

　賞与から源泉徴収する所得税は、「賞与に対する源泉徴収税額の算出率の表」を使って計算します。賞与の額をいきなり表に当てはめるのではなく、まず、前月における給与から社会保険料等を引いたものを「賞与に対する源泉徴収税額の算出率の表」（巻末付録⑦参照）に当てはめて、「算出率」という賞与における税率を求めます。賞与にこの算出率を掛けて、所得税額を計算します。

【賞与の源泉所得税の計算の手順】

①前月の給与から前月の社会保険料等を引く（課税対象額）。

②上記①の金額と、扶養親族等（源泉控除対象配偶者及び控除対象扶養親族）の数を「賞与に対する源泉徴収税額の算出率の表」に当てはめて税率（算出率）を求める。

③社会保険料等控除後の賞与額×上記②の税率（算出率）

【算出率の決定】

前月給与 － 前月社会保険料等控除額

↓

賞与に対する源泉徴収税額の算出率の表　←扶養人数を当てはめる。

確認　賞与の所得税の計算のしかた

（賞与額 － 健康保険料 － 厚生年金保険料 － 雇用保険料）× 税率（算出率）

2 前月給与がない場合

　転職、育児休業からの復帰などで前月の給与がなく、最初に賞与が支払われる場合などには、毎月の給与計算で使う「源泉徴収税額表」を使います。

　前月給与がない場合の計算は、まず、賞与から社会保険料等を引いた額に6分の1を掛けた額を源泉徴収税額表に当てはめて税額を求めます。ここで求めた税額に6を掛けて賞与の所得税額とします（賞与の計算の基礎になる期間が6か月を超える場合は、上記「6分の1、6」は「12分の1、12」となります）。

【前月給与がない場合】

> ①賞与から社会保険料等を引いた金額×1／6 [※]
> ②上記①を給与所得の源泉徴収税額表（月額表）に当てはめる。
> ③上記②で求めた税額×6 [※] ＝賞与算出税額

（※）賞与の計算の基礎になる期間が6か月を超えるとき、①は1/12、③は12とする。

3 前月給与の10倍相当以上の場合

　賞与から社会保険料等を控除した金額が前月の給与から社会保険料等を控除した金額の10倍に相当する金額を超える場合にも、毎月の給与計算で使う「源泉徴収税額表」を用いて計算します。

【前月給与の10倍相当以上の場合】

> ①賞与から社会保険料等を引いた金額×1／6 [※]
> ②上記①＋前月の給与から社会保険料等を差し引いた金額
> ③上記②の金額を給与所得の源泉徴収税額表（月額表）に当てはめる。
> ④上記③－前月の給与に対する源泉徴収税額
> ⑤上記④×6 [※] ＝賞与算出税額

（※）賞与の計算の基礎になる期間が6か月を超えるとき、①は1/12、⑤は12とする。

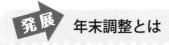

発展　年末調整とは

　給与計算や賞与計算の過程では、「給与所得の源泉徴収税額表」により所得税を計算します。所得税は、1月から12月までの1年間の所得を基準として課せられる税金です。正確な税額は、その年の所得合計が決まる12月に、各種控除等を差し引いた後、算出し、月々控除してきた税額合計との差額を調整します。年末に税額の調整を行うことから、年末調整と呼ばれています。

　その年の最終給与と賞与の支払が終わらなければ正確な税額は確定しません。そこで、12月の給与・賞与の支払後、これまで**控除してきた税額と実際の税額との精算手続**（年末調整）を行うわけです。

　年末調整が必要となる理由には、次のようなことがあります。
①配偶者や扶養親族の変動
　控除の対象は、基本的にその年の12月31日を基準とすることになっています。配偶者や扶養親族について、年の途中で結婚や就職などで変動があった場合は、本人からの申告により、変動を給与計算に反映させます。税金の計算は1年単位で行うため、変動があると、月ごとの給与からの控除額や賞与からの控除額と差が出ることになります。

　このため、年末に差額を調整する必要があります。
②生命保険料や住宅ローンなどの控除
　生命保険料控除や地震保険料控除、配偶者（特別）控除、住宅ローン控除などについては、毎月の給与や賞与の源泉徴収では考慮されていません。このため、年末に控除額を精算する必要があります。

　なお、年末調整については、2級の試験では出題されません（1級では主要な項目となります）。

第 7 章

給与計算担当者が
知っておきたい法律

1 労働基準法の基本原則

1 労働基準法の基本原則

　労働基準法1条1項は、日本国憲法25条1項^(※1)と趣旨を同じくするものであり、日本国憲法27条2項^(※2)を受けて制定されました。

- （※1）「すべて国民は、健康で文化的な最低限度の生活を営む権利を有する」
- （※2）「賃金、就業時間、休息その他の勤労条件に関する基準は、法律でこれを定める」

　労働基準法1条2項では、たとえ労使の合意があったとしても、労働基準法を上回る労働条件について、労働基準法を理由として労働条件を低下させてはならないと規定しています。

労働基準法1条（労働条件の原則）
　労働条件は、労働者が**人たるに値する**生活を営むための必要を充たすべきものでなければならない。
2　この法律で定める労働条件の基準は**最低のもの**であるから、労働関係の当事者は、この基準を理由として労働条件を低下させてはならないことはもとより、**その向上を図るように努めなければならない。**

---

2 労働条件に関する定め

（1）労働条件の決定

　労働条件の決定については、労働基準法と労働契約法により、労働者と使用者が対等の立場において決定すべきとされています。なお、労働基準法2条は訓示的規定（命令・禁止をするだけで違反しても効力に影響も制裁もない規定）であるため、就業規則などの遵守義務に違反した場合に労働者に対しても使用者に対しても、罰則の定めはありません。

> 労働基準法2条（労働条件の決定）
> 　労働条件は、労働者と使用者が、**対等の立場**において決定すべきものである。
> 2　労働者及び使用者は、**労働協約、就業規則及び労働契約を遵守**し、誠実に各々その**義務を履行**しなければならない。

> 労働契約法3条（労働契約の原則）
> 　労働契約は、労働者及び使用者が**対等の立場における合意に基づいて**締結し、又は変更すべきものとする。
> 2　労働契約は、労働者及び使用者が、就業の実態に応じて、均衡を考慮しつつ締結し、又は変更すべきものとする。
> 3　労働契約は、労働者及び使用者が仕事と生活の調和にも配慮しつつ締結し、又は変更すべきものとする。
> 4　労働者及び使用者は、**労働契約を遵守**するとともに、信義に従い誠実に、権利を行使し、及び**義務を履行**しなければならない。
> 5　労働者及び使用者は、労働契約に基づく権利の行使に当たっては、それを濫用することがあってはならない。

（2）均等待遇

　労働基準法3条では、日本国憲法14条1項の「法の下の平等」を受け、労働条件について国籍、信条又は社会的身分を理由とする差別的取扱いを禁止しています。差別的取扱いには、不利に取り扱うことだけでなく、有利に取り扱うことも該当します。

> 労働基準法3条（均等待遇）
> 　使用者は、労働者の**国籍、信条又は社会的身分**を理由として、**賃金、労働時間**その他の労働条件について、差別的取扱をしてはならない。

（3）男女同一賃金の原則

　労働基準法は、賃金について男女による差別を禁止しています。なお、労働基準法には、賃金以外の労働条件について男女による差別を禁止する規定はありません。

> 労働基準法4条（男女同一賃金の原則）
> 　使用者は、労働者が**女性**であることを理由として、**賃金**について、男性と差別的取扱をしてはならない。

2 労働者の保護に関する法律

1 強制労働の禁止

　労働者の意思に反した強制労働については、労働基準法5条で禁止されています。違反に対しては、労働基準法上では最も重い罰則である1年以上10年以下の懲役又は20万円以上300万円以下の罰金が課せられます。

> 労働基準法5条（強制労働の禁止）
> 　使用者は、暴行、脅迫、監禁その他**精神又は身体の自由を不当に拘束**する手段によって、**労働者の意思に反して**労働を強制してはならない。

2 中間搾取（さくしゅ）の排除

　労働者と使用者の間に第三者が介入して利益を得ることについては、労働基準法6条で禁止されています。ただし、次の場合は、労働基準法上、許されています。
①職業安定法32条の3第1項による有料職業紹介事業の場合
②職業安定法36条1項による委託募集の場合
③船員職業安定法により報酬を受ける場合
　なお、労働者派遣は、労働関係の外にある第三者が他人の労働関係に介入するものではないため、**中間搾取には該当しません**。

> 労働基準法6条（中間搾取の排除）
> 　何人も、法に基いて許される場合の外、**業として**他人の**就業に介入**して利益を得てはならない。

3 公民権行使の保障

　労働基準法7条により、労働者が公民権行使のために必要な時間分に

ついて就業の免除を申し出た場合、使用者は請求を拒むことができず、拒むと違反となります。なお、公民権（政治に参加することができる人「＝公民」としての権利）とは、公職の選挙権の行使や訴訟での証人など、公民に認められる国家又は公共団体の公務に参加する権利のことをいいます。

> **労働基準法7条（公民権行使の保障）**
>   使用者は、労働者が労働時間中に、選挙権その他公民としての権利を行使し、又は公の職務を執行するために必要な時間を請求した場合においては、拒んではならない。但し、権利の行使又は公の職務の執行に妨げがない限り、請求された時刻を変更することができる。

4 労働者・使用者の定義

　労働基準法9条では、労働者の定義として、職業の種類を問わず、①適用事業又は事務所に、②使用される者で、③賃金の支払を受けている者という3つの要件を定めています。代表取締役は労働者ではなく使用者であることから、労働基準法が適用されることはありません。一方、代表取締役以外の取締役は、労働者としての仕事を兼務しているなど実質的に使用従属の関係が認められる場合は、労働者に該当する可能性があります。

　また、労働基準法10条では、使用者の定義として、人事・給与・労務管理など労働に関する業務に関して権限を与えられている人と定めています。

労働基準法9条（労働者）	労働基準法10条（使用者）
この法律で「労働者」とは、職業の種類を問わず、**事業又は事務所**（以下「事業」という）**に使用される者で、賃金を支払われる者**をいう。	この法律で使用者とは、**事業主又は事業の経営担当者**その他その事業の労働者に関する事項について、**事業主のために行為をするすべての者**をいう。

5 労働契約の成立と労働基準法違反の契約

　労働契約の成立については、労働契約法6条・7条により定められています。

労働契約法6条（労働契約の成立）
　労働契約は、労働者が使用者に使用されて労働し、使用者がこれに対して賃金を支払うことについて、**労働者及び使用者が合意**することによって成立する。

労働契約法7条（労働契約の成立）
　労働者及び使用者が労働契約を締結する場合において、使用者が合理的な労働条件が定められている就業規則を労働者に周知させていた場合には、労働契約の内容は、その**就業規則で定める労働条件**によるものとする。ただし、労働契約において、労働者及び使用者が就業規則の内容と異なる労働条件を合意していた部分については、第12条[※]に該当する場合を除き、この限りでない。

（※）労働契約法12条では、「就業規則違反の労働契約」について、次のように定めている。

> 　就業規則で定める基準に達しない労働条件を定める労働契約は、その部分については、無効とする。この場合において、無効となった部分は、就業規則で定める基準による。

　また、労働契約の中に労働基準法に定める基準に達しない労働条件があった場合には、基準に達しない部分は無効とされ、残りの部分のみが有効な労働契約とされます。なお、無効となった部分については、労働基準法に定める基準に置き換えられます。

労働基準法13条（法律違反の契約）
　この法律で定める基準に達しない労働条件を定める労働契約は、**その部分については無効**とする。この場合において、無効となった部分は、この法律で定める基準による。

　以上をまとめると、労働契約の成立と法律などの関係は、次のようになります。

【効力の関係】

法令　≧　労働協約　≧　就業規則　≧　労働契約

強 ◀━━━━━━━━━━━━━━━━▶ 弱

※**労働協約**とは、労働組合と会社が書面で結んだ労働条件等に関する取り決めです（両当事者の署名又は記名押印が必要）。**就業規則**は労働協約に反することができません。

6 金銭に関する禁止事項

（1）賠償予定の禁止

　労働者が労働契約を守らない場合に、あらかじめ約束しておいた金額を取り立てたり、賠償金の額を定めておくことは、労働基準法16条により禁止されています。なお、労働基準法は、金額を予定することを禁止するのであって、現実に発生した損害について賠償を請求することを禁止するものではありません。

> 労働基準法16条（賠償予定の禁止）
> 　使用者は、労働契約の不履行について**違約金を定め**、又は**損害賠償額を予定**する契約をしてはならない。

（2）前借金相殺の禁止

　労働することを条件に金銭などを前貸し、その前貸分（債権）を賃金と相殺することは、労働基準法17条により禁止されています。

　なお、労働者が自己の意思によって債権と賃金とを相殺することは禁止されていません。また、労働することが条件となっていなければ、債権と賃金との相殺は労働基準法違反とはなりません。このため、例えば、介護休業期間中に事業主が立て替えた社会保険料などを相殺することは可能です。

> 労働基準法17条（前借金相殺の禁止）
> 　使用者は、**前借金その他労働することを条件とする前貸の債権と賃金を相殺**してはならない。

（3）強制貯金の禁止

　労働契約に付随して貯蓄の契約をさせたり、貯蓄金を管理する契約をすることは、労働基準法18条により禁止されています。ただし、労働者からの委託があった場合には、労使協定を締結して使用者が貯蓄金を管理することは可能です。

3 労働条件の明示に関する法律

1 労働条件の明示

（1）明示すべき時期

　労働基準法15条により、使用者は、労働者に対して賃金や労働時間などの労働条件を明示する必要があります。明示すべき時期は、労働契約の締結の際と定められています。また、契約期間が満了して労働契約を更新する場合も、改めて更新後の労働条件の明示が必要です。

（2）明示すべき事項

　明示する労働条件については、必ず明示しなければならない**絶対的明示事項**と、定めがある場合に限って明示しなければならない**相対的明示事項**があります。労働者への労働条件の明示は、絶対的明示事項については書面等（書面の交付、社員が希望する場合のFAX・出力可能な電子メール等の送信）により行う必要がありますが、昇給に関する事項は口頭でもよいとされています。一方、相対的明示事項については口頭又は書面等のいずれでもよいとされています。

【労働条件の絶対的明示事項】

絶対的明示事項
労働契約の期間
期間の定めのある労働契約を**更新する場合の基準**（通算契約期間又は契約の更新回数に上限の定めがある場合にはその上限を含む）
就業の場所及び従事すべき業務（それぞれの変更の範囲を含む）
〈労働時間に関する事項〉 始業及び終業の時刻、**所定労働時間を超える労働の有無**、休憩時間、休日、休暇、労働者を２組以上に分けて就業させる場合の就業時転換[※1]
〈賃金に関する事項〉 退職手当及び臨時に支払われる賃金などを除く賃金の決定、賃金の計算及び支払の方法、賃金の締切り及び支払の時期、昇給[※2]
解雇の事由を含む退職に関する事項

（※1）シフト替えの時間など
（※2）「昇給に関する事項」については、書面での交付義務はない。

【労働条件の相対的明示事項】

①退職手当の定めが適用される労働者の範囲、退職手当の決定、退職手当の計算及び支払の方法、退職手当の支払の時期に関する事項

②退職手当を除く臨時に支払われる賃金、賞与及び労働基準法施行規則8条各号[※]に掲げる賃金、最低賃金額に関する事項

③労働者に負担させるべき食費、作業用品その他に関する事項

④安全及び衛生に関する事項・職業訓練に関する事項

⑤災害補償及び業務外の傷病扶助に関する事項

⑥表彰及び制裁に関する事項、休職に関する事項

（※）労働基準法施行規則8条各号

　　　①1か月を超える期間の出勤成績によって支給される精勤手当

　　　②1か月を超える一定期間の継続勤務に対して支給される勤続手当

　　　③1か月を超える期間にわたる事由によって算定される奨励加給・能率手当

〈補足〉無期転換申込み権が発生する有期労働契約の更新時においては、別途明示事項があります（「！重要な制度改正のまとめ」参照）。

2　労働契約の解除

　使用者が明示した労働条件が事実と異なる場合には、労働者は、直ちに労働契約を解除することができます。直ちに労働契約を解除できる理由となる労働条件とは、明示した労働条件のすべてではなく、■（2）で述べた絶対的明示事項と相対的明示事項に限られます。

　したがって、例えば、社宅の間取りが違うといった福利厚生施設とみなされるものが事実と異なるなどは、直ちに労働契約を解除することができる場合から除かれます。

労働基準法15条2項（労働条件の明示）
　2　前項の規定[※]によって明示された労働条件が**事実と相違**する場合においては、労働者は、**即時に労働契約を解除**することができる。

（※）第15条。■（2）参照

労働基準法15条3項（労働条件の明示）
　3　前項[※]の場合、就業のために住所を変更した労働者が、**契約解除の日から14日以内に帰郷**する場合においては、使用者は、**必要な旅費**を負担しなければならない。

（※）第15条2項

4 有期労働契約に関する法律

1 契約期間・退職の申し出・解雇に関する定め

（1）契約期間等

　期間の定めのある労働契約（有期労働契約）を締結する場合、労働基準法14条により、契約期間は3年を超えてはならないとされています。3年を超える契約期間を定めた場合は、3年に短縮されます。ただし、次の例外があります。

①3年を超えることができる場合

・一定の事業の完了に必要な期間を定める場合

・労働基準法70条^(※)の職業訓練の必要がある場合

　（※）職業訓練に関する特例

②5年以内の期間を定めることができる場合

・厚生労働大臣が定める基準（労働基準法14条1号参照）に該当する専門的知識などを持つ労働者との間に締結される場合

・満60歳以上の労働者との間に締結される場合

> 労働基準法14条（契約期間等）
> 　労働契約は、**期間の定めのないものを除き**、一定の事業の完了に必要な期間を定めるもののほかは、**3年**（次の各号のいずれかに該当する労働契約にあっては、**5年**）を超える期間について締結してはならない。
> 1　専門的な知識、技術又は経験（以下この号において「専門的知識等」という）であって高度のものとして厚生労働大臣が定める基準に該当する専門的知識等を有する労働者（当該高度の専門的知識等を必要とする業務に就く者に限る）との間に締結される労働契約
> 2　満60歳以上の労働者との間に締結される労働契約（前号に掲げる労働契約を除く）

（2）退職の申し出

　有期労働契約により働く労働者は、労働基準法附則137条により、労働契約の期間の初日から1年を経過した日以後は、使用者に申し出るこ

とで、いつでも退職することができるとされています。

　ただし、（1）で述べた、①一定の事業の完了に必要な期間を定める
場合、②厚生労働大臣が定める基準に該当する専門的知識などを持つ労
働者との間に締結される場合、③満60歳以上の労働者との間に締結さ
れる場合は除かれます。

> 労働基準法附則137条（退職の申し出）
> 　期間の定めのある労働契約（一定の事業の完了に必要な期間を定めるものを
> 除き、その期間が1年を超えるものに限る）を締結した労働者（第14条第1項
> 各号に規定する労働者^{（※）}を除く）は、（…中略…）当該労働契約の期間の初日
> から**1年を経過した日以後**においては、その使用者に申し出ることにより、**い
> つでも退職することができる。**

（※）高度で専門的な知識等を有する者及び満60歳以上の者（（1）参照）

（3）契約期間中の解雇等

　労働契約法17条では、有期労働契約により働く労働者の契約期間中
の解雇などについての定めがあります。

> 労働契約法17条（契約期間中の解雇等）
> 　使用者は、期間の定めのある労働契約（以下この章において「有期労働契約」
> という）について、やむを得ない事由がある場合でなければ、その**契約期間が
> 満了するまでの間において、労働者を解雇することができない。**
> 2　使用者は、有期労働契約について、その有期労働契約により労働者を使用
> 　する目的に照らして、必要以上に短い期間を定めることにより、その有期労
> 　働契約を反復して更新することのないよう配慮しなければならない。

　有期労働契約は、パートタイマー、派遣労働をはじめ、正社員以外の
多くの労働形態に共通して見られる特徴になっています。そして、有期
労働契約の反復更新のもとで生じる雇止めに対する不安の解消や、期間
の定めがあることによる不合理な労働条件の是正などが課題となってい
ます。第17条は、こうした課題に対処し、労働者が安心して働き続け
ることができる社会の実現を目的として定められたものです。

用語解説 **雇止め**

　有期労働契約労働者について、契約期間満了時に更新を行わず、契約
を終了させることを雇止めといいます。

2　期間の定めのない労働契約への転換

　有期労働契約が5年を超えて反復更新された場合は、その労働者が希
望する場合は、有期労働契約を期間の定めのない労働契約（無期労働契
約）に転換させなければなりません。これにより、有期労働契約であれ
ばいつでも期間満了で雇用関係を終了できるということがなくなり、労
働者の雇用の安定につながるとされています。また、労働契約法18条
は、通算契約期間の計算に当たり、有期労働契約が存在していない期間
が一定以上続いた場合には、通算期間の計算がゼロに戻ること（クーリ
ング）についても規定しています。

　なお、クーリングの規定は、平成25年4月1日以後の日を契約期間の
初日とする有期労働契約期間について適用されます。一方、平成25年
3月31日以前の日を契約期間の初日とする有期労働契約の契約期間は、
通算契約期間には算入しないとの経過措置が設けられています。

　また、平成27年4月1日より、有期の業務に就く高度専門的知識を
有する有期雇用労働者及び定年後に有期契約で継続雇用される高齢者に
ついては、特例で無期労働契約の転換申込権が発生しないこととされま
した（この特例を適用するためには都道府県労働局長の認定を受けるこ
とが必要です）。

労働契約法18条（有期労働契約の期間の定めのない労働契約への転換）

　同一の使用者との間で締結された2以上の有期労働契約（契約期間の始期の到来前のものを除く。以下この条において同じ）の契約期間を通算した期間（次項において「通算契約期間」という）が**5年を超える**労働者が、当該使用者に対し、現に締結している有期労働契約の契約期間が満了する日までの間に、当該満了する日の翌日から労務が提供される**期間の定めのない労働契約の締結の申込み**をしたときは、使用者は当該申込みを承諾したものとみなす。この場合において、当該申込みに係る期間の定めのない労働契約の内容である労働条件は、現に締結している有期労働契約の内容である労働条件（契約期間を除く）と**同一の労働条件**（当該労働条件（契約期間を除く）について別段の定めがある部分を除く）とする。

2　当該使用者との間で締結された一の有期労働契約の契約期間が満了した日と当該使用者との間で締結されたその次の有期労働契約の契約期間の初日との間にこれらの契約期間のいずれにも含まれない期間（これらの契約期間が連続すると認められるものとして厚生労働省令で定める基準に該当する場合の当該いずれにも含まれない期間を除く。以下この項において「空白期間」という）があり、当該空白期間が**6か月**（当該空白期間の直前に満了した一の有期労働契約の契約期間（当該一の有期労働契約を含む2以上の有期労働契約の契約期間の間に空白期間がないときは、当該2以上の有期労働契約の契約期間を通算した期間。以下この項において同じ）が1年に満たない場合にあっては、当該一の有期労働契約の契約期間に2分の1を乗じて得た期間を基礎として厚生労働省令で定める期間）以上であるときは、当該空白期間前に満了した有期労働契約の契約期間は、通算契約期間に算入しない。

3 有期労働契約の更新等

　有期労働契約が反復更新されたことにより、雇止めをすることが解雇と同視されるような場合や、有期労働契約の契約期間の満了時にその労働者が有期労働契約が更新されると期待する理由が認められる場合等、使用者が雇止めをすることに客観的に合理的な理由があり、社会通念上相当であると認められないときは、雇止めは認められません。

　認められない場合、労働契約法19条により、使用者は、有期労働契約の更新をした、又は、労働者からの申込みを承諾したものとみなされ、従前と同一の労働条件で有期労働契約を締結することになります。

労働契約法19条（有期労働契約の更新等）
　有期労働契約であって次の各号のいずれかに該当するものの契約期間が満了
する日までの間に労働者が当該有期労働契約の更新の申込みをした場合又は当
該契約期間の満了後遅滞なく有期労働契約の締結の申込みをした場合であっ
て、使用者が当該申込みを拒絶することが、客観的に合理的な理由を欠き、社
会通念上相当であると認められないときは、使用者は、従前の有期労働契約の
内容である労働条件と**同一の労働条件**で当該申込みを承諾したものとみなす。
1　当該有期労働契約が**過去に反復して更新**されたことがあるものであって、
　その契約期間の満了時に当該有期労働契約を更新しないことにより当該有期
　労働契約を終了させることが、期間の定めのない労働契約を締結している労
　働者に解雇の意思表示をすることにより当該期間の定めのない労働契約を終
　了させることと社会通念上同視できると認められること。
2　当該労働者において当該有期労働契約の契約期間の満了時に当該有期労働
　契約が更新されるものと期待することについて**合理的な理由**があるものであ
　ると認められること。

〈参考〉雇止めに関する基準

　「有期労働契約の締結、更新及び雇止めに関する基準」（「雇止めに関する基
準」改正平成24年10月26日厚生労働省告示）

第1条（雇止めの予告）

　使用者は、期間の定めのある労働契約（当該契約を3回以上更新し、又は
雇入れの日から起算して1年を超えて継続勤務している者に係るものに限り、
あらかじめ当該契約を更新しない旨明示されているものを除く。次条第2項
において同じ）を更新しないこととしようとする場合には、少なくとも当該
契約の期間の満了する日の30日前までに、その予告をしなければならない。

第2条（雇止めの理由の明示）

　前条の場合において、使用者は、労働者が更新しないこととする理由につ
いて証明書を請求したときは、遅滞なくこれを交付しなければならない。

②　期間の定めのある労働契約が更新されなかった場合において、使用者は、
　労働者が更新しなかった理由について証明書を請求したときは、遅滞なく
　これを交付しなければならない。

第3条（契約期間についての配慮）

　使用者は、期間の定めのある労働契約（当該契約を1回以上更新し、かつ、

雇入れの日から起算して1年を超えて継続勤務している者に係るものに限る）を更新しようとする場合においては、当該契約の実態及び当該労働者の希望に応じて、契約期間をできる限り長くするよう努めなければならない。

5 就業規則の法的位置付け

1 就業規則とは

　就業規則とは、労働者が就業する際に守るべき規律及び労働条件について、具体的細目を定めた規則類の総称をいいます。

　就業規則は、合理的な労働条件を定めているものである限り、就業規則の存在を知っているかどうか、就業規則の内容を知っているかどうか、個別に同意を得たかどうかにかかわらず、労働者は当然にその適用を受けると考えられます。ただし、就業規則が法的規範としての性質があるものとして拘束力を持つためには、適用を受ける事業場の労働者に周知させる手続をとる必要があります。

2 就業規則の作成・届出

（1）作成・届出の義務

　一時的に10人未満になることはあっても、常時、10人以上の労働者を使用している場合、就業規則の作成・届出の義務があります。なお、10人以上の労働者を使用しているかどうかは、一企業単位ではなく、個々の事業場単位で判断します。また、派遣労働者は、派遣先ではなく、**派遣元の事業場**の労働者数に算入されます。

> 労働基準法89条（作成及び届出の義務）
> 　**常時10人以上の労働者**を使用する使用者は、次に掲げる事項について就業規則を作成し、行政官庁に届け出なければならない。次に掲げる事項を変更した場合においても同様とする。
>
> 労働基準法施行規則49条
> 　使用者は、常時10人以上の労働者を使用するに至った場合においては、遅滞なく、法第89条の規定による就業規則の届出を所轄労働基準監督署長にしなければならない。

（2）記載事項

　本章第3節で述べた労働条件の絶対的明示事項と同様に、就業規則にも必ず記載しなければならない事項があります。これを**絶対的必要記載事項**といいます。また、必ずしも規定する必要があるわけではありませんが、定めをするのであれば必ず就業規則に記載しなければならない事項もあります。これを**相対的必要記載事項**といいます。

　就業規則の絶対的必要記載事項については、労働条件の絶対的明示事項と合わせて覚えておきましょう。

①絶対的必要記載事項（労働基準法89条1号〜3号）

・**始業及び終業の時刻、休憩時間、休日、休暇**、労働者を2組以上に分けて交替に就業させる場合においては**就業時転換**に関する事項

・臨時の賃金等を除く**賃金**の決定、**賃金**の計算及び支払の方法、**賃金**の締切り及び支払の時期、昇給に関する事項

・解雇の事由を含む**退職**に関する事項

②相対的必要記載事項（労働基準法89条3号の2〜10号）

・退職手当の定めをする場合においては、適用される労働者の範囲、退職手当の決定、退職手当の計算及び支払の方法、退職手当の支払の時期に関する事項

・退職手当を除く臨時の賃金等及び最低賃金額の定めをする場合においては、これに関する事項

・労働者に食費、作業用品その他の負担をさせる定めをする場合においては、これに関する事項

・安全及び衛生に関する定めをする場合においては、これに関する事項

・職業訓練に関する定めをする場合においては、これに関する事項

・災害補償及び業務外の傷病扶助に関する定めをする場合においては、これに関する事項

・表彰及び制裁の定めをする場合においては、その種類及び程度に関する事項

・当該事業場の労働者のすべてに適用される定め（相対的必要記載事項のうち上記の定めを除く）をする場合においては、これに関する事項

③任意的記載事項

・前ページ①②以外の事項で、会社が任意に記載する事項（就業規則の制定趣旨など）

（3）作成手続

　労働基準法90条は、就業規則を作成するに当たっては、労働組合又は労働者の過半数を代表する人の「意見を聴かなければならない」と定めています。

　ここでいう「意見を聴く」とは、文字どおりの意味で、同意を得る、協議をするということまでは求められていません。反対意見があったとしても他の要件を満たしていれば、就業規則の効力に影響はありません。

> 労働基準法90条（作成の手続）
> 　使用者は、就業規則の作成又は変更について、当該事業場に、労働者の過半数で組織する労働組合がある場合においてはその労働組合、労働者の過半数で組織する労働組合がない場合においては労働者の過半数を代表する者の**意見を聴かなければならない。**
> ２　使用者は、前条の規定^{（※）}により届出をなすについて、前項の意見を記した書面を添付しなければならない。

（※）（1）（2）参照

3　就業規則による労働契約の内容の変更

　労働契約法9条は、使用者が労働者と合意することなく、就業規則の変更により労働条件を労働者の不利益なものにすることを禁止しています。

　ただし、使用者が変更後の就業規則を労働者に対して周知させ、かつ就業規則の変更が合理的なものであるという要件を満たした場合には、労働契約の変更についての合意の原則の例外として認められます（労働契約法10条）。この場合、労働契約の内容である労働条件は、変更後の就業規則に定めることで法的効果が生まれます。

労働契約法9条（就業規則による労働契約の内容の変更）
　使用者は、労働者と合意することなく、就業規則を変更することにより、労働者の不利益に労働契約の内容である労働条件を変更することはできない。ただし、次条の場合は、この限りでない。

労働契約法10条（就業規則による労働契約の内容の変更）
　使用者が就業規則の変更により労働条件を変更する場合において、変更後の就業規則を労働者に周知させ、かつ、就業規則の変更が、労働者の受ける不利益の程度、労働条件の変更の必要性、変更後の就業規則の内容の相当性、労働組合等との交渉の状況その他の就業規則の変更に係る事情に照らして合理的なものであるときは、労働契約の内容である労働条件は、当該変更後の就業規則に定めるところによるものとする。ただし、労働契約において、労働者及び使用者が就業規則の変更によっては変更されない労働条件として合意していた部分については、第12条[※]に該当する場合を除き、この限りでない。

（※）本章第2節 **5** 参照

6 解雇に関する法律

1 解雇制限

解雇成立については、労働基準法ではなく労働契約法で定められています。労働契約法16条では、解雇について、「**客観的に合理的な理由を欠き、社会通念上相当であると認められない場合**は、その権利を濫用したものとして、無効とする」と定めています。

業務上のけがや病気により、療養のために休業する労働者については、休業期間とその後30日間は解雇そのものが制限されます（労働基準法19条）。これを解雇制限といい、この期間に解雇したとしても無効となります。ただし、業務上のけがや病気による休業期間が療養の開始後3年を超え、なお傷病が治らない場合には、平均賃金の1,200日分の打切補償を支払うことにより、休業期間中であっても解雇制限が解除されます。同様に、業務上の傷病による休業期間が療養の開始後3年を経過した日に、労災保険法に基づく傷病補償年金を受けている場合、又は、同日後に傷病補償年金を受けることとなった場合も、休業期間中であっても解雇制限が解除されます。

なお、産前・産後休業の場合は**実際に休業している期間とその後30日間のみが解雇制限の対象となる**ため、産前6週間・産後8週間の期間内であっても労働者が休業せずに就労している場合には解雇制限の対象とはなりません。

> 労働基準法19条（解雇制限）
> 　使用者は、労働者が**業務上**負傷し、又は疾病にかかり療養のために休業する期間及びその後**30日間**並びに産前産後の女性が第65条の規定によって休業する期間及びその後**30日間**は、解雇してはならない。ただし、使用者が、第81条の規定によって**打切補償**を支払う場合又は天災事変その他やむを得ない事由のために**事業の継続が不可能**となった場合においては、この限りでない。
> 2　前項但書後段の場合においては、その事由について行政官庁[※]の**認定**を受けなければならない。

（※）所轄労働基準監督署長

2 解雇の予告

　労働基準法20条は、労働者を解雇する場合には、少なくとも30日前に予告することを義務付けています。なお、30日分の平均賃金（解雇予告手当）を支払うことで、予告なしに労働者を解雇することができます。

　さらに、解雇予告手当を支払うことで予告の日数を短縮することもできます。例えば、解雇予告手当を12日分支払えば解雇予告を18日前に行うことができます。ただし、解雇予告手当は、原則として解雇の申し渡しと同時に支払わなければなりません。

　解雇予告の労働基準法20条但し書以降の例外については、いずれの場合も所轄労働基準監督署長の認定が必要です。

労働基準法20条（解雇の予告）
　使用者は、労働者を解雇しようとする場合においては、**少くとも30日前**にその予告をしなければならない。30日前に予告をしない使用者は、**30日分以上の平均賃金**を支払わなければならない。**但し、**天災事変その他やむを得ない事由のために事業の継続が不可能となった場合又は労働者の責に帰すべき事由に基いて解雇する場合においては、この限りでない。
2　前項の予告の日数は、1日について平均賃金を支払った場合においては、その日数を短縮することができる。

---

3 解雇の予告の適用除外

　労働基準法21条は、雇用形態によって、上記 2 の解雇の予告を適用しない労働者を定めています。

【適用除外となる場合と適用除外の例外】

原則（解雇予告の適用なし）	例外（解雇予告の適用あり）
日々雇入れられる人	**1か月**を超えて引き続き使用されるに至った場合
2か月以内の期間を定めて使用される人	**所定の期間**を超えて引き続き使用されるに至った場合
季節的業務に**4か月以内**の期間を定めて使用される人	
試みの使用期間中の人	**14日**を超えて引き続き使用されるに至った場合

7 産前・産後休業、育児休業、介護休業などの規定

1 産前・産後の就業制限

（1）産前・産後休業

　第2章第4節で述べたとおり、使用者は、6週間以内（多胎妊娠の場合は14週間以内）に出産予定の労働者からの請求があれば、必ず休業させなければなりません（労働基準法第65条）。また、産後については、就業の制限がある8週間のうち、出産日の翌日から産後6週間は、労働者の請求の有無にかかわらず休業させなければなりません。

　なお、「産前6週間」とは、出産予定日を基準として計算します。出産当日は産前に含まれ、出産日が予定日より遅れた場合も産前に含まれます。

　産前・産後休業中を有給とするか無給とするかの労働基準法の規定などはなく、事業所ごとに就業規則や労働協約などで取り決めます。なお、産前・産後休業中、無給又は通常の賃金の3分の2未満であれば、**健康保険から出産手当金が支給**されます。

> 労働基準法65条（産前産後）
> 　使用者は、**6週間**（多胎妊娠の場合にあっては、**14週間**）以内に出産する予定の女性が休業を請求した場合においては、その者を就業させてはならない。
> 2　使用者は、**産後8週間**を経過しない女性を就業させてはならない。ただし、**産後6週間**を経過した女性が請求した場合において、その者について医師が支障ないと認めた業務に就かせることは、差し支えない。

（2）育児休業

　育児休業、介護休業等育児又は家族介護を行う労働者の福祉に関する法律（育児・介護休業法）により、使用者は、正規雇用労働者や要件を満たす有期雇用労働者（育児・介護休業法第5条参照）から申し出があった場合は、当然に育児休業を取得させることとされています。

> 育児・介護休業法5条（育児休業の申出）
>   労働者は、その養育する**1歳に満たない子**について、その事業主に申し出ることにより、育児休業をすることができる。ただし、期間を定めて雇用される者にあっては、その養育する子が1歳6か月に達する日までに、その労働契約（労働契約が更新される場合にあっては、更新後のもの）が満了することが明らかでない者に限り、当該申出をすることができる。

　育児休業を取得できるのは、原則として、子どもが1歳に達するまでですが、次の例外があります。

①同一の子について、**配偶者が育児休業をする場合の特例**（通称、「パパ・ママ育休プラス」第2章第4節参照）

　→子どもが**1歳2か月**に達するまで

②雇用の継続のために特に必要と認められ、厚生労働省令で定める場合（保育所に申込みをしているが当面入所できない場合、子どもの養育を行う予定であった配偶者の死亡・傷病などの理由によりその子どもの養育ができなくなった場合など）

　→子どもが**1歳6か月**に達するまで。1歳6か月以後も、保育所等に入れない等の場合には、最長**2歳**まで延長できます。

　育児休業中を有給とするか無給とするかの労働基準法の規定などはなく、事業所ごとに就業規則や労働協約などで取り決めます。なお、育児休業中、無給又は通常の賃金の80％未満であれば、**雇用保険から育児休業給付金が支給**されます。

　なお、令和4年10月施行の改正で、柔軟な育児休業の枠組みとして、子の出生後8週間以内に4週間まで取得することができる「出生時育児休業（いわゆる産後パパ育休）」が創設されました。

　この休業中についても、無給又は通常の賃金の80％未満であれば、雇用保険から出生時育児休業給付金が支給されることになっています。

2 介護・看護の就業制限

(1) 介護休業

　使用者は、正規雇用労働者や要件を満たす有期雇用労働者（育児・介護休業法第11条参照）から申し出があった場合は、当然に介護休業を取得させることとされています。

> 育児・介護休業法11条（介護休業の申出）
> 　労働者は、その事業主に申し出ることにより、介護休業をすることができる。ただし、期間を定めて雇用される者にあっては、介護休業開始予定日から起算して93日を経過する日から6か月を経過する日までに、その労働契約（労働契約が更新される場合にあっては、更新後のもの）が満了することが明らかでない者に限り、当該申出をすることができる。

　介護休業を取得できるのは、要介護状態にある対象家族（配偶者、父母、子、配偶者の父母、祖父母、兄弟姉妹、孫）1人につき、通算93日までです。その間に、3回までは介護休業の分割取得が可能とされています。

　介護休業中を有給とするか無給とするかの労働基準法の規定などはなく、事業所ごとに就業規則や労働協約などで取り決めます。なお、介護休業中、無給又は通常の賃金の80%未満であれば、**雇用保険から介護休業給付金が支給**されます。

(2) 子の看護休暇・介護休暇

　使用者は、小学校入学前の子を養育する労働者から子の看護休暇の取得の申し出があった場合、及び、要介護状態の対象家族の介護を行う労働者から介護休暇の取得の申し出があった場合は、休暇を与えなければなりません（育児・介護休業法16条の2・16条の5）。ただし、労使協定による取り決めで、雇用期間が6か月未満の人や週の所定労働日数が2日以下の人を対象外とすることは可能です。

　取得日数は、それぞれ1年度につき5日（子どもあるいは対象家族が2人以上いる場合は10日）までで、1時間単位の取得も可能です。また、

いずれの休暇も有給とするか無給とするかの労働基準法の規定などはなく、事業所ごとに就業規則や労働協約などで取り決めます。なお、休暇中、無給であっても給付金などは支給されません。

3 所定労働時間などに関する制限

（1）所定労働時間の短縮措置等

　使用者には、3歳未満の子を養育する労働者や常時介護を要する対象家族を介護する労働者について、所定労働時間を短くする、フレックスタイム制を導入するといった労働時間の変更が育児・介護休業法で義務付けられています。

【所定労働時間に関する措置】

	育児関係	介護関係
義務の内容	**3歳に満たない子**を養育する労働者で育児休業をしていない人^(※1)について、原則として、1日の所定労働時間を**6時間**とすることを含む措置を講ずる。 (※1) 1日の所定労働時間が6時間以下である人を除く	**常時介護を要する対象家族**を介護する労働者について、対象家族1人につき連続する3年以上の期間で2回以上利用でき、次のいずれか1つ以上の措置を講ずる。 ・所定労働時間を短縮する制度 ・フレックスタイム制 ・始業・終業時刻の繰上げ、繰下げ　等 ・介護サービス費用の助成
対象外となる労働者	・**日々雇用される労働者** ・**勤続1年未満**^(※2) ・週の所定労働日数が**2日以下**^(※2)　等 (※2) 対象外とするためには労使協定の締結が必要	

（2）所定外労働・時間外労働・深夜労働の制限

　使用者は、3歳未満又は小学校入学前の子を養育する労働者や常時介護を要する対象家族を介護する労働者から請求があった場合は、下表のような所定外労働・時間外労働・深夜労働をさせてはならないとされています。

　ただし、いずれの制限も、事業の正常な運営を妨げる場合には請求を拒むことができます。

【所定外労働・時間外労働・深夜労働の制限】

		育児関係	介護関係
所定外労働を制限する制度	制度の内容	**3歳に満たない子**を養育する労働者が請求した場合は、所定労働時間を超えて労働させてはならない。	**要介護状態にある対象家族**を**介護**する労働者が請求した場合は、所定労働時間を超えて労働させてはならない。
	対象外となる労働者	・**日々雇用される労働者** ・**勤続1年未満**^(※) ・週の所定労働日数が**2日以下**^(※) (※) 対象外とするためには労使協定の締結が必要	

時間外労働を制限する制度	制度の内容	**小学校就学の始期に達するまでの子**を養育する労働者が請求した場合は、制限時間（1月24時間・1年150時間）を超えて労働時間を延長してはならない。	**要介護状態にある対象家族**を介護する労働者が請求した場合は、制限時間（1月24時間・1年150時間）を超えて労働時間を延長してはならない。
	対象外となる労働者	・**日々雇用**される労働者 ・勤続**1年未満** ・週の所定労働日数が**2日以下**	
深夜労働を制限する制度	制度の内容	**小学校就学の始期に達するまでの子**を養育する労働者が請求した場合は、午後10時～午前5時（深夜）に労働させてはならない。	**要介護状態にある対象家族**を介護する労働者が請求した場合は、午後10時～午前5時（深夜）に労働させてはならない。
	対象外となる労働者	・**日々雇用**される労働者 ・勤続**1年未満** ・保育・介護ができる**16歳以上の同居の家族**あり ・週の所定労働日数が**2日以下**　等	

4　法律で定められたその他の就業制限

　労働基準法は、1 ～ 3 で述べた就業制限のほか、妊産婦や育児中の女性、生理日の女性について、下表のような就業制限を設けています。

【女性に関する就業制限】

対象	就業制限	賃金
妊産婦が請求した場合	休憩時間を除き、1日8時間、1週40時間を超えて労働させてはならない。	
	時間外労働・法定休日労働をさせてはならない。	
	深夜業をさせてはならない。	
1歳未満の子を育てる女性[※1]が請求した場合	労働基準法34条[※2]の休憩のほか、**1日2回それぞれ少なくとも30分**、その子を育てるための時間を請求できる（使用者はその時間中は使用してはならない）。	有給にするか無給にするかは当事者の合意による
生理日の就業が著しく困難な女性が請求した場合	生理日に就業させてはならない（請求する女性が必要とする日数）。	有給にするか無給にするかは当事者の自由

（※1）育てている子は出産した子であるかどうかは問わない。
（※2）「使用者は、労働時間が6時間を超える場合においては少なくとも45分、8時間を超える場合においては少なくとも1時間の休憩時間を労働時間の途中に与えなければならない」

8 マイナンバー制度への対応

1 マイナンバー（個人番号）

　平成28年にマイナンバー制度が施行されました。マイナンバー（個人番号）は、年齢・国籍を問わず、国内に住民票を有するすべての人に通知される12桁の番号です。生涯を通じて1人1番号であり、原則変更されることはありません。ただし、マイナンバー（個人番号）が漏えいし、不正に使われる恐れがある場合は、個人からの申請又は行政の判断で変更されることがあります。

　マイナンバー（個人番号）は、年金や医療保険等の社会保障、年末調整や確定申告といった納税に関する個人情報を紐付けるためのものです。これまで複数の行政機関でそれぞれ管理されてきた情報を共有できることとなり、行政事務の効率化を図るだけでなく、正確な所得を把握して社会保険や税の不正を防止するという狙いもあります。そのため会社は社会保険・税の行政手続の際に法人番号や社員・支払先のマイナンバー（個人番号）の記載を求められることとなりました。

2 マイナンバー法による制限

　マイナンバー（個人番号）を含む個人情報を「特定個人情報」といい、特定個人情報を複数ファイル化したもの（紙媒体・データ）を「特定個人情報ファイル」といいます。

　特定個人情報は、通常の個人情報とは異なり、「行政手続における特定の個人を識別するための番号の利用等に関する法律（以下、マイナンバー法）」でさまざまな制限がかけられています。例えば、第三者への情報提供について、通常の個人情報は「本人の同意があれば提供できる」のに対し、特定個人情報は「仮に本人の同意があったとしても、法に定められた範囲以外の第三者提供は禁止」です。例外として認められているのは、会社として社会保険・税の手続のために行政に提供する場

合です。グループ会社間でも、マイナンバー（個人番号）を提供することは禁じられていましたが、令和3年9月の法改正で、出向や転籍等で給与の支払者が別の会社になる場合、出向・転籍・再就職先の決定以後に提供先を明らかにし、本人の同意を得た上でマイナンバー（個人番号）を含む特定個人情報を提供することが可能になりました。

　また、税理士や社会保険労務士等に手続を委託している場合に社員のマイナンバー（個人番号）を提供することは、第三者提供には当たりません。

【マイナンバー（個人番号）、特定個人情報に係る制限】

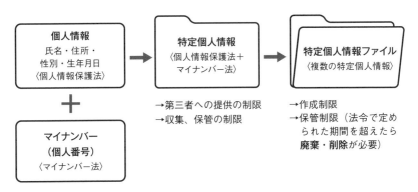

個人情報
氏名・住所・
性別・生年月日
〈個人情報保護法〉

特定個人情報
〈個人情報保護法＋
マイナンバー法〉

特定個人情報ファイル
〈複数の特定個人情報〉

マイナンバー
（個人番号）
〈マイナンバー法〉

→第三者への提供の制限
→収集、保管の制限

→作成制限
→保管制限（法令で定められた期間を超えたら**廃棄・削除**が必要）

→利用範囲の制限列挙
→安全管理措置、委託先監督
→提供の求めの制限
→本人確認の実施

3 マイナンバー（個人番号）の事務対応

　マイナンバー（個人番号）の事務は、次のように整理できます。
給与や報酬を支払っている社員から「マイナンバー（個人番号）」を
①取得・収集する
②保管する
③マイナンバー（個人番号）の記載が必要な書類を作成することになったら保管したマイナンバー（個人番号）を利用して記載する

④マイナンバー（個人番号）を記載した書類を行政機関等に提供する
⑤法令で決められた期間を超えたら、確実に速やかに廃棄・削除する
⑥①から⑤の各シーンで安全管理措置を講じる

【安全管理措置を行う各場面】

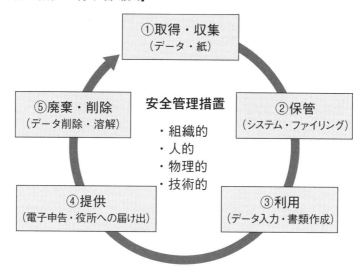

（1）取得・収集

　マイナンバー（個人番号）を取得する際には、「利用目的を明示し、厳格に本人確認」をしなければなりません。

　マイナンバー法でいう「本人確認」は、「番号が正しいことの確認（番号確認）」と「その番号が確かに本人のものであることの確認（身元確認）」を合わせて行うことです。身元確認のための身分証明書は写真つきのものでなければ、健康保険証・年金手帳・印鑑登録証明書等のうち2つ以上が必要となります。

　給与所得者の扶養控除等（異動）申告書に記載されている扶養親族についての本人確認は、社員自身が本人確認することになっているため、会社は本人確認しません。

【本人確認の措置】

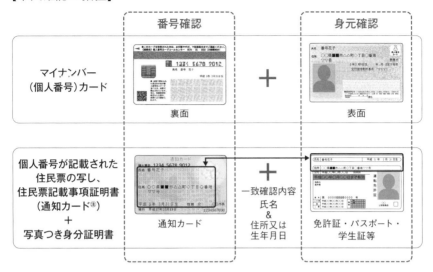

※令和2年5月25日施行の改正で、通知カードの新規発行は終了し、その再交付・記載事項の変更もできないこととされました。しかし、記載事項に変更がない限り、引き続き、通知カードを番号確認の書類とすることは認められています。

（2）保管・廃棄のルール

　特定個人情報は、マイナンバー法で限定的に明記された事務を処理するために収集・保管されるものです。それらの事務を行う必要がある場合に限り、特定個人情報を保管し続けることができます。例えば、社員は雇用契約等の継続的な契約関係にあり、マイナンバー（個人番号）を給与の源泉徴収事務、健康保険・厚生年金保険届出事務等のために翌年度以降も利用する必要があるため、特定個人情報等を継続的に保管できます。

　社員やその家族のマイナンバー（個人番号）の記載された書類で会社に保管義務のあるものには、次のようなものがあります。

・給与所得者の扶養控除等（異動）申告書
・退職所得の受給に関する申告書（退職所得申告書）
・給与所得者の基礎控除申告書兼給与所得者の配偶者控除等申告書兼所得金額
　調整控除申告書

これらの申告書は、該当の年の翌年1月10日の翌日から7年を経過する日まで保管することとされています。この期間を経過したら、できるだけ速やかにマイナンバー（個人番号）が記載された書類を廃棄します。また、書類の廃棄と同時にデータ等も削除しなければなりません。廃棄・削除については、容易に復元ができないような手段で行うため、書類の場合はシュレッダーにかける又は溶解等、特定個人情報等が記録された機器及び電子媒体等は専用のデータ削除ソフトの利用や物理的な破壊等の手段を採用します。

　法令で定められた期限から考えると令和6年（2024年）分の申告書については、令和14年（2032年）の1月11日以降に廃棄・削除することになるため、担当者が替わっても確実に廃棄・削除できるよう、年代ごとに管理し、ファイルに廃棄のタイミングを記載しておくとよいでしょう。

【申告書の法定保管期限】

**給与所得者の扶養控除等（異動）申告書・退職所得申告書・給与所得者の基礎控除申告書
兼 給与所得者の配偶者控除等申告書 兼 所得金額調整控除申告書の法定保管期限**

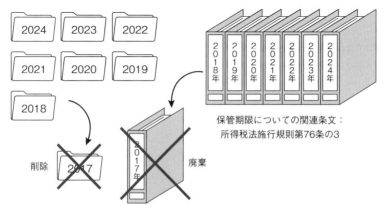

申告書の該当年の**翌年1月10日の翌日から7年以後**、速やかに廃棄・削除できるよう、年代ごとに管理し、ファイルに廃棄のタイミングを記載しておく

例：令和7年（2025年）1月11日以降→平成29年（2017年）分の年末調整関係の書類を廃棄・削除できる

2024　2023　2022
2021　2020　2019
2018

2018年　2019年　2020年　2021年　2022年　2023年　2024年

保管期限についての関連条文：
所得税法施行規則第76条の3

削除　2017　　廃棄　2017年

（3）利用・提供

　マイナンバー（個人番号）を記載した帳票や社会保険の届出書類の作成・提出の事務は次のように整理できます。

【マイナンバー（個人番号）の利用と提供】

利用	すでに取得している個人番号を帳票や届出書に転記
1.　システム等に保管しているデータを利用して出力・転記	
又は	
2.　紙で保管している給与所得者の扶養控除等（異動）申告書や一覧表等から転記	

提供	税・社会保険の届出
1.　電子申告・申請	
2.　紙で届出	
・郵送なら相手方に到達したことが確認できる手段で	
・持参の場合は他者に見られない、紛失防止の措置が必要	

　給与計算・年末調整の担当者の実務で深い関わりがある書類として、源泉徴収票と給与支払報告書が挙げられます。

　源泉徴収票については、税務署提出用と受給者交付用でマイナンバー（個人番号）の記載欄の様式が異なるため注意が必要です。マイナンバー（個人番号）を記載するのは、税務署提出用のみです。社員への交付が義務付けられている源泉徴収票などにマイナンバー（個人番号）を記載すると個人情報が漏えいしたり、滅失したりする恐れがあるため記載しないという法改正が行われました。提出用と社員に交付する帳票を間違えないよう注意しなければなりません。

　源泉徴収票（税務署提出用）・給与支払報告書には、社員だけでなく扶養親族分のマイナンバー（個人番号）も記載します。ただし、16歳未満の扶養親族のマイナンバー（個人番号）については、給与支払報告書にのみ記載することになります。

【源泉徴収票へのマイナンバー（個人番号）記載】

▼税務署提出用　　　　　　　　　　▼受給者交付用

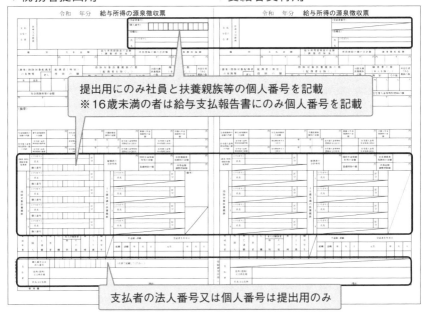

提出用にのみ社員と扶養親族等の個人番号を記載
※16歳未満の者は給与支払報告書にのみ個人番号を記載

支払者の法人番号又は個人番号は提出用のみ

※令和6年4月現在、令和6年分の様式が未確定のため、実際の様式と異なる場合
　があります。

確認　マイナンバー（個人番号）の記載についての整理

記載が必要…源泉徴収票（税務署提出用）
　　　　　　給与支払報告書
　　　　　　※16歳未満の扶養親族の番号は給与支払報告書にのみ記載
記載が不要…源泉徴収票（受給者交付用）

4 給与計算・年末調整担当者の実務上のポイント

　マイナンバー（個人番号）については、マイナンバー（個人番号）の「事務取扱担当者」でなければ扱うことができません。

　給与計算・年末調整担当者であっても「事務取扱担当者」ではないという場合もあるでしょう。

　その場合は、給与計算・年末調整のためでも、マイナンバー（個人番号）が記載されている給与所得者の扶養控除等（異動）申告書や給与所得等に係る市町村民税・道府県民税　特別徴収税額の決定・変更通知書（特別徴収義務者用）を取り扱うことができません。

　また、源泉徴収票（税務署提出用）や給与支払報告書を印字することもできないことになります。マイナンバー（個人番号）関係の事務は「事務取扱担当者」に執り行ってもらいましょう。

　「事務取扱担当者」ではないのに、マイナンバー（個人番号）が記載された書類を見てしまった場合には、速やかに書類を「事務取扱担当者」に渡しましょう。その際には、必ず手渡しで確実に渡すことが大切です。「事務取扱担当者」が離席している間に机上に置きっぱなしにすると漏えいや紛失等の事故につながりかねません。

　マイナンバー（個人番号）の事務については、誰がどの業務を行うのかを明確にし、自身の業務ではアクセス権限のない情報にはアクセスしないよう注意しましょう。

　マイナンバー法では、特定個人情報やマイナンバー（個人番号）を漏えいした場合の罰則も設けられていますが、あくまでも故意に漏えいした場合に限られます。偶発的にマイナンバー（個人番号）を見てしまったような場合は罰則の対象とはなりません。

発展　扶養控除等（異動）申告書等に マイナンバー（個人番号）を記載しない方法

①社員が給与所得者の扶養控除等（異動）申告書の余白に「個人番号については給与支払者に提供済みの個人番号と相違ない」旨を記載した上で、会社において、すでに提供を受けている社員等の個人番号を確認し、確認した旨を給与所得者の扶養控除等（異動）申告書に表示する。
②会社において保有している個人番号と個人番号の記載が省略された者に係る給与所得者の扶養控除等（異動）申告書については、適切かつ容易に紐付けられるよう管理しておく。
③税務署長から提出を求められた場合には、会社は給与所得者の扶養控除等（異動）申告書に社員等の個人番号を付記して提出する必要がある。
〈補足〉配偶者控除等申告書についても、同様の方法が認められる。

　また、給与等に係る給与所得者の扶養控除等（異動）申告書について、会社が当該申告書などの一定の税務関係書類の提出を受けて作成した社員、配偶者等の個人番号等が記載された帳簿を備えている場合には、その帳簿に記載された社員、配偶者等の個人番号については、給与所得者の扶養控除等（異動）申告書に記載する必要はないこととされています。
　なお、そのような帳簿を備えている場合には、退職所得の受給に関する申告書、給与所得者の基礎控除申告書 兼 給与所得者の配偶者控除等申告書 兼 所得金額調整控除申告書についても、同様の個人番号の省略が認められることになっています。

〈参考〉マイナンバーカードと健康保険証の一体化

　マイナンバーカード（個人番号カード）とは、マイナンバー（個人番号）の証明や本人確認が必要な場合に公的な本人確認書類として利用できるICカードですが、その利活用の範囲は拡大されています。
　たとえば、健康保険証（被保険者証）との一体化も進められており、「令和6年12月2日」からは、それまでの被保険者証は廃止され、医療機関の窓口での手続は、「マイナンバーカードによるオンライン資格確認」に一本化されることになります。ただし、発行済みの被保険者証は、廃止後1年間はそのまま使用できることとされています。
　また、マイナンバーカードを持っていない方なども必要な保険診療等が受けられるよう、本人からの求めに応じて「資格確認書」を提供する措置もとられます。

9 時効

1 時効

　労働者が持つ権利を一定期間行使しなかった場合、その権利を消滅させる制度です。

　労働基準法では、「賃金（退職金を除く）の請求権は5年間（当分の間は3年間）、災害補償その他の請求権は2年間、この法律の規定による退職手当の請求権は5年間行わない場合において、時効によって消滅する」と規定されています。

　整理すると次のとおりです。

【主な請求権と時効】

請求権の種類	時効の期間
賃金（退職手当^{（※）}を除く）の請求権	5年間（当分の間、3年間）
退職手当^{（※）}の請求権	5年間
その他の請求権（災害補償、年次有給休暇の請求権など）	2年間

（※）退職金のこと

2 書類の保存義務

　会社には社員から提出された給与所得者の扶養控除等（異動）申告書などの年末調整に関する書類、社会保険に関する書類、賃金台帳、タイムカード…などたくさんの書類があります。

　それぞれの書類には法律で「保存期間」が決まっていて、会社は文書を保存する義務があります。

　主なものを次の表で紹介しますので、整理しておきましょう。

【書類の保存期間】

雇用保険関係	原則2年間 例外：被保険者に関する書類と雇用保険 　　　被保険者関係届出事務等処理簿は 　　　4年間
健康保険関係	2年間
厚生年金保険関係	2年間
労働基準法関係 ・労働者名簿 ・賃金台帳 ・雇入れ、退職、災害補償に関する書類 ・賃金その他労働関係に関する重要な書類（出勤簿、タイムカード、36協定等） ・特別条項付き36協定で限度時間を超えて労働させる労働者に対する健康・福祉確保措置の実施状況の記録 ・年次有給休暇管理簿	5年間（当分の間は3年間）
労災保険関係	3年間
・給与所得者の扶養控除等（異動）申告書 ・給与所得者の基礎控除申告書 兼 給与所得者の配偶者控除等申告書 兼 所得金額調整控除申告書 ・給与所得者の保険料控除申告書 ・退職所得の受給に関する申告書	7年間

第 8 章

給与計算担当者が
知っておきたい
社会保険制度

1 社会保険制度の基本

1 社会保険制度の範囲

　社会保険制度には、狭い意味（狭義）と広い意味（広義）の２種類があります。

　狭義の社会保険は、健康保険、介護保険、厚生年金保険をいいます。広義の社会保険は、狭義の社会保険に、労働保険（労働者災害補償保険（労災保険）・雇用保険）、国民健康保険、国民年金を加えたものをいいます。

【社会保険制度の範囲】

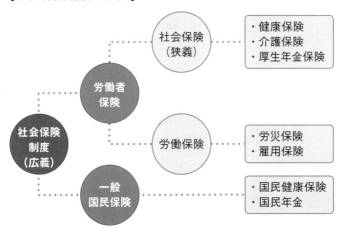

（1）社会保険制度の特徴

　社会保険制度は、民間の保険とは異なり、要件に該当すれば強制加入となります。また、保険料についても、年齢や病歴などは関係なく一律の料率となっています。

　つまり、社会保険制度とは、高齢化のほか、生活する上で起こりうる疾病、失業、労働災害、介護などのリスク（保険事故）に備え、リスク

が現実に起きたときに、現金又は現物を給付することにより、国民の生活を保障する制度です。また、加入者が社会全体でお互いに助け合う相互扶助の仕組みになっています。

（2）社会保険制度の種類

日本の社会保険制度には、医療保険、年金保険、介護保険、雇用保険、労災保険があります。職業によって、加入する社会保険制度が異なります。

2 会社が加入する社会保険制度と適用者

（1）会社が加入する社会保険制度の種類

会社が加入しなければならない社会保険制度は、下表の4つがあります。

【会社が加入する社会保険制度と適用者】
○：強制加入
△：労働者的要素が強ければ加入できる場合あり
×：加入できない

適用者	医療保険 （健康保険・介護保険）^{（※1）}	年金保険 （厚生年金保険）	雇用保険	労災保険
代表取締役	○	○	×	×^{（※2）}
取締役	○	○	△	△^{（※2）}
社員	○	○	○	○

（※1）40歳以上の人は介護保険にも加入
（※2）特別加入の仕組みあり

求人の際に「各種社会保険完備」と記載する場合には、これらの社会保険制度に加入していることを意味します。

（2）会社が加入する医療保険（健康保険・介護保険）制度

会社が加入する医療保険制度は、次ページの表のとおりです。75歳未満の労働者は、健康保険の被保険者となります。75歳以上になると、働いているかどうかにかかわらず健康保険ではなく後期高齢者医療制度

に加入することになります。

　また、40歳以上になると、健康保険のほかに介護保険が適用され、第２号被保険者として保険料の納付義務が発生します。

【年齢別医療保険の適用関係】

区分	40歳未満	40歳以上 65歳未満	65歳以上 70歳未満	70歳以上 75歳未満	75歳以上
健康保険	働いていれば、健康保険の被保険者				後期高齢者医療の被保険者
介護保険	―	第２号 被保険者	第１号被保険者		

（3）健康保険の任意継続被保険者

　任意継続被保険者とは、退職などで資格を喪失した場合でも、喪失前の健康保険に最長で２年間そのまま加入できる制度です。以下の①～③のすべての条件を満たすことが必要です。

①適用事業所に使用されなくなったため、又は適用除外に該当することとなったため、被保険者の資格を喪失した者

②資格喪失の日の前日まで継続して２か月以上被保険者（日雇特例被保険者、任意継続被保険者、共済組合の組合員である被保険者を除く）であったこと

③資格喪失日から20日以内に申し出ること

3　会社と社会保険制度

　社会保険制度は、会社単位ではなく**事業所単位**で適用されます。「事業」とは、本社、支店、工場、建設工事現場、店舗、事務所のように、１つの経営組織として独立性をもった**最小単位の経営体**をいいます。１人でも労働者を雇用している法人の事業は、原則として、すべて適用事業（強制適用事業）となります。

【医療保険（健康保険・介護保険）・年金保険（厚生年金保険）の適用事業】

		適用業種	非適用業種
法人 [※]		強制適用	
個　人	常時5人以上		任意適用
	常時5人未満	任意適用	

（※）1人でも労働者を雇用している事業

〈非適用業種の例〉
- 農林畜水産業などの第一次産業
- 旅館、飲食店、料理店、接客業、娯楽業、理容・美容などのサービス業
- 宗教業

　健康保険と厚生年金保険の適用関係はほぼ同様ですが、厚生年金保険の場合は船舶が非適用事業ではなく、適用事業となります。

【雇用保険の強制適用事業と暫定任意適用事業】

強制適用事業	労働者が1人でも雇用されている事業
暫定任意適用事業	①個人経営 ②常時5人未満の労働者を雇用 ③農林水産業

【労災保険の適用事業と暫定任意適用事業】

		右記以外	農林水産業
法人 [※]		強制適用事業	
個人経営	常時5人以上		
	常時5人未満		暫定任意適用事業

（※）1人でも労働者を雇用している事業

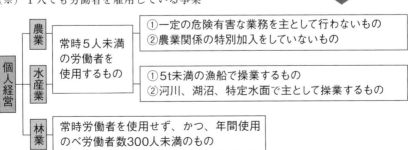

2 社会保険制度の適用者 (被保険者・任意加入被保険者)

1 医療保険（健康保険・介護保険）の適用者

（1）健康保険の被保険者

　健康保険法上の「被保険者」とは、適用事業所に使用される者及び任意継続被保険者をいいます。

　適用事業所に使用される者で、適用除外に該当しない者には、国籍や意思にかかわらず適用されます。

（2）介護保険の被保険者

　下表のいずれかに該当する場合は、市町村又は特別区が行う介護保険の「被保険者」となります。介護保険の被保険者には第1号と第2号があり、第2号被保険者は、介護や支援を必要とする状態について市区町村の認定を受け、要介護認定・要支援認定の原因が特定疾病でなければ介護保険の給付は受けられません。

【介護保険の被保険者】

被保険者の種類	要件
第1号被保険者	市区町村の区域内に居住する**65歳以上の者**
第2号被保険者	市区町村の区域内に居住する**40歳以上65歳未満の医療保険に加入している者**

用語解説

特定疾病

　加齢との関係が認められるような疾病で、65歳未満で初老期に発症する認知症、糖尿病性精神障害、脳血管疾患、末期がんなど、特定された16疾病をいいます。

2 年金保険（厚生年金保険）の適用者

（1）厚生年金保険の被保険者

　原則として、社会保険の適用事業所に使用される70歳未満の者は、厚生年金保険の被保険者となります。

（2）厚生年金保険の任意加入被保険者

　厚生年金保険上の任意加入被保険者となれるのは、非適用事業所に使用される者、又は70歳以上で適用事業所・非適用事業所のどちらかに使用される老齢年金の受給権がない労働者です。

　任意加入被保険者は、任意単独被保険者、適用事業所の高齢任意加入被保険者、非適用事業所の高齢任意加入被保険者の３種類に分かれます。下表のとおり、事業所が厚生年金保険の適用か非適用か、労働者が70歳未満か70歳以上かで区分されます。

【厚生年金保険の任意加入被保険者】

区分	被保険者の種類	
適用事業所	被保険者	②高齢任意加入被保険者
非適用事業所	①任意単独被保険者	③高齢任意加入被保険者

▲
70歳

①に該当する要件：厚生年金の適用がない会社に勤務する70歳未満の者が、事業主の同意を得て、厚生労働大臣の認可を受けること

②に該当する要件：70歳以上の者で、老齢基礎年金などの老齢又は退職を支給事由とする年金の受給権を取得していない者が、実施機関に申し出ること

③に該当する要件：70歳以上の者で、老齢基礎年金などの老齢又は退職を支給事由とする年金の受給権を取得していない者が、事業主の同意を得て、厚生労働大臣の認可を受けること

3 所定労働時間が短い者に対する健康保険・厚生年金保険の適用

　パートタイマーなどの所定労働時間・所定労働日数が短い者について、健康保険・厚生年金保険では、次のような適用の基準（**4分の3基準**）を設けています。

【4分の3基準（この基準は、企業の規模を問わずに適用されます）】

> （短時間就労者）
> **1週間の所定労働時間**が同一の事業所に使用される通常の労働者の**4分の3以上**かつ、**1月間の所定労働日数**が同一の事業所に使用される通常の労働者の**4分の3以上**である者
> ➡他の適用除外事由に該当しない限り、健康保険・厚生年金保険を適用する

　なお、4分の3基準を満たさない者でも、次のすべての要件に該当する者については、健康保険・厚生年金保険が適用されます。

> （短時間労働者）
> ・**1週間の所定労働時間**が**20時間以上**
> ・**月額賃金8万8,000円以上**
> ・学生でない
> ・「被保険者数101人以上*の規模の特定適用事業所」又は「特定適用事業所以外の適用事業所であって、労使合意の上で、特定適用事業所と同様の取扱いを受ける旨を届け出たもの（任意特定適用事業所）」に勤務している
> 　**＊令和6年10月1日からは「51人以上」とされます。**

（注）実際に被保険者となるためには、通常の労働者と同様に、勤務期間の要件（2か月を超えて使用される見込みがある）などを満たしている必要がある。また、通常の労働者と同様に、年齢の要件も満たしている必要がある。

4 雇用保険の適用者

　雇用保険法上の「被保険者」とは、原則として雇用保険適用事業に使用される者をいいます。
　被保険者は、一般被保険者、高年齢被保険者、短期雇用特例被保険者、日雇労働被保険者の4種類に分かれます。このうち、一般的なものは、一般被保険者と高年齢被保険者です。

【一般被保険者と高年齢被保険者】

区分	内容
一般被保険者	原則として適用事業に雇用される者（高年齢被保険者、短期雇用特例被保険者、日雇労働被保険者を除く）

高年齢被保険者	原則として適用事業に雇用される65歳以上の者（短期雇用特例被保険者、日雇労働被保険者に該当する者を除く）

　なお，雇用保険におけるパートタイマーなどの所定労働時間が短い者・期間の定めがある者についての適用の基準は、次のとおりです。

1週間の所定労働時間が20時間以上

　かつ

31日以上の雇用の見込みがある

➡他の適用除外事由に該当しない限り、雇用保険を適用する（一般被保険者又は高年齢被保険者となる）

（注）日雇や季節的雇用については別の基準があります。

〈参考〉高年齢被保険者の特例（マルチジョブホルダー制度）

　令和4年1月施行の雇用保険法の改正により、65歳以上の者に限り、その者の申出により、2つの事業主の適用事業の労働時間を合計して、「1週間の所定労働時間が20時間以上」という要件を判断する特例が設けられました。なお、合計の対象となる各事業主の適用事業における1週間の所定労働時間は5時間以上20時間未満であることが必要です。

　また、合計の対象となる各事業主の適用事業において、31日以上の雇用の見込みがあることが必要です。

　この特例により、雇用保険の適用を受けることになる者を、特例高年齢被保険者（マルチ高年齢被保険者）といいます。

5　労災保険の適用者

　労災保険では、被保険者という概念はありません。これは、保険料が全額事業主負担であること、給付が労働基準法の災害補償の規定を受けた補償の意味合いが強いためです。

　労災保険は、パートタイマー・アルバイト、外国人労働者などを問わず、すべての労働者に適用されます。

【週所定労働時間による適用の有無(通常の週所定労働時間が40時間である場合)】

週所定労働時間	健康保険・厚生年金保険	雇用保険	労災保険
20時間未満	×	×	○
20時間以上 30時間未満	△　・特定適用事業所等では○ 　　・それ以外の適用事業所では×	○	○
30時間以上 40時間未満	○	○	○

○=適用あり／×=適用なし

(注) この表においては、週所定労働時間の要件以外の要件は満たしているものとします。

6　健康保険の被扶養者制度

健康保険に加入する被保険者に被扶養者がいる場合、被扶養者は、保険料を支払うことなく、医療保険のサービスを受けることができます。被扶養者に該当するための条件を満たす家族がいる場合、対象となる家族を被扶養者に追加するための手続が必要です。

なお、被扶養者は、留学しているなどの一定のケースに該当する者を除き、日本国内に住所を有する者に限ります。

【健康保険の被扶養者】

種類	対象者
①主として被保険者によって生計を維持していることのみを条件とする人	被保険者の直系尊属、配偶者(内縁関係にある者を含む)、子、孫、兄弟姉妹
②被保険者と同一の世帯に属し、かつ、主として被保険者によって生計を維持していることの2つを条件とする人	a. 被保険者の三親等内の親族で、上記①に該当する人以外 b. 被保険者の内縁関係にある配偶者の父母及び子 c. 上記bの配偶者死亡後の父母及び子

【被扶養者の範囲】

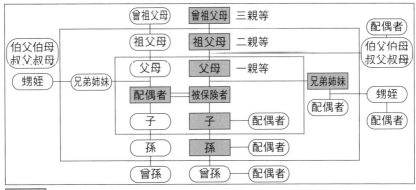

■ は「主として生計を維持していること」が必要
◯ は「主として生計を維持していること」と「同一世帯であること」が必要
配偶者 は、内縁（事実婚関係）に当たる人も含む

なお、「生計を維持していること」は、下表の基準で判断されます。

【生計維持の認定基準】

種類	認定基準
被保険者と同一世帯に属している場合	年間収入が130万円未満（60歳以上又は障害厚生年金を受けられる程度の障害者の場合は180万円未満）であって、かつ、被保険者の年間収入の2分の1未満
被保険者と同一世帯に属していない場合	年間収入が130万円未満（60歳以上又は障害厚生年金を受けられる程度の障害者の場合は180万円未満）であって、かつ、被保険者からの援助による収入額未満

夫婦が共に健康保険の被保険者である場合、その子については、夫婦の年間収入の差額の割合によって下記のように認定されます。
● 1割超の場合…年間収入が多い親の被扶養者とする。
● 1割以内の場合…届出により主として生計を維持する親の被扶養者とする。

また、被保険者と住居を共にしていた被扶養者が、病院などへ入院したり、福祉施設へ入所したりすることとなった場合のように、一時的に別居する場合には、引き続き被保険者と住居を共にしているものとして扱います。

3 医療保険（健康保険・介護保険）の給付

1 健康保険からの主な保険給付

（1）療養の給付

　業務外のけがや病気の際には、いつでも健康保険により医師の診察や治療及び必要な検査が受けられます。これを「療養の給付」といいます。ただし、療養の給付には、下表のとおり一部負担金（被扶養者の場合は「自己負担額」）があります。

【被保険者の一部負担金[※]】

年齢	窓口負担
①70歳未満	3割
②70歳以上75歳未満	2割
③上記②のうち標準報酬月額が28万円以上	3割

（※）被扶養者の場合（家族療養費）は「自己負担額」

（2）傷病手当金

　業務外のけがや病気により、療養のために働くことができなくなることもあります。その結果、収入が減少したり、無収入になったりした場合、所得補償を行うことを目的として「傷病手当金」が支給されます。

【傷病手当金の内容】

支給要件	以下①～④の要件をすべて満たすこと ①被保険者（任意継続被保険者を除く）であること ②療養のためであること ③**労務に服することができない状態**（労務不能）であること ④連続した3日の待期期間が終了していること
支給額	1日につき**直近の継続した12か月間の各月の標準報酬月額を平均した額の30分の1の3分の2に相当する金額**
支給期間	支給を始めた日から通算して**1年6か月間**

　会社を休んだ最初の3日間を待期期間といい、待期期間の終了には、

会社が休みの日や有給を取得した日を含め、**連続した３日間**、療養のため労務不能であることが必要です。

【健康保険の保険給付】

	被保険者に関する保険給付	給付内容
疾病・負傷	療養の給付	身体に異常があれば、いつでも健康保険で医師の診察や治療に必要な検査が受けられる。
	入院時食事療養費	保険医療機関に入院したときは、療養の給付と合わせて食事療養に要した費用が支給される。（一般被保険者の負担額）食費：一食当たり460円〔令和６年６月からは490円〕
	入院時生活療養費	65歳以上の被保険者が保険医療機関に入院したときは、生活療養に要した費用が支給される。（一般被保険者の負担額）食費：１食当たり460円〔令和６年６月からは490円〕、居住費：１日当たり370円
	保険外併用療養費	先進医療を受けた場合や個室に入院した場合などは全額自己負担になるが、通常の治療と共通する部分は保険外併用療養費が支給される。
	療養費	自費で受診したときなど特別な場合には、その費用について、療養費が支給される。
	訪問看護療養費	居宅で療養している人が、かかりつけの医師の指示に基づいて訪問看護ステーションの訪問看護師から療養上の世話や必要な診療の補助を受けた場合に支給される。
	移送費	病気やけがで移動が困難な患者が、医師の指示で一時的・緊急的必要があり、移送された場合に支給される。
	傷病手当金	病気などで休んだ場合１日につき直近の継続した12か月間の各月の標準報酬月額を平均した額の30分の１の３分の２に相当する金額が支給される。
	高額療養費	※次ページ（３）参照
	高額介護合算療養費	毎年８月から１年間にかかった医療保険と介護保険の自己負担額を合計し、基準額を超えた場合に、その超えた金額が支給される。
出産	出産育児一時金	子ども１人につき50万円が支給される。
	出産手当金	被保険者が出産のため会社を休み、事業主から報酬が受けられない場合に支給される。
死亡	埋葬料（埋葬費）	生計を維持していた人で、埋葬を行う人に５万円の埋葬料が支給される。生計を維持している人がいない場合は埋葬を行った人に最大５万円の埋葬費が支給される。

（注）健康保険組合の場合、給付額が異なることがあります。

（3）高額療養費

　高額療養費とは、同一月（1日から月末まで）にかかった医療費の自己負担額が高額になった場合、一定の金額（自己負担限度額）を超えた分が、後で払い戻される制度です。なお、医療費が高額になることが事前にわかっている場合には、原則として、「限度額適用認定証」を提示することで窓口での支払が自己負担限度額となります。

　自己負担限度額は、年齢及び所得状況などに応じて設定されています。

【70歳未満の高額療養費の自己負担限度額】

所得区分	自己負担限度額
①区分ア （標準報酬月額83万円以上の方）	252,600円＋（総医療費－842,000円）×1％
②区分イ （標準報酬月額53万～79万円の方）	167,400円＋（総医療費－558,000円）×1％
③区分ウ （標準報酬月額28万～50万円の方）	80,100円＋（総医療費－267,000円）×1％
④区分エ （標準報酬月額26万円以下の方）	57,600円
⑤区分オ（低所得者） （被保険者が市区町村民税の非課税者等）	35,400円

(注)「区分ア」又は「区分イ」に該当する場合、市区町村民税が非課税であっても、標準報酬月額での「区分ア」又は「区分イ」の該当となります。

　高額負担がすでに年3か月以上ある場合、4か月目以降は、**多数回該当高額療養費**としてさらに負担額が減ります。

【70歳未満の多数回該当高額療養費の自己負担限度額】

所得区分	自己負担限度額
①区分ア（標準報酬月額83万円以上の方）	140,100円
②区分イ（標準報酬月額53万～79万円の方）	93,000円
③区分ウ（標準報酬月額28万～50万円の方）	44,400円
④区分エ（標準報酬月額26万円以下の方）	44,400円
⑤区分オ（低所得者）（被保険者が市区町村民税の非課税者等）	24,600円

(注)「区分ア」又は「区分イ」に該当する場合、市区町村民税が非課税であっても、標準報酬月額での「区分ア」又は「区分イ」の該当となります。

〈補足〉70歳以上の場合、「一般所得者（④区分エ）及び低所得者（⑤区分オ）について、個人単位の外来の自己負担限度額を適用する仕組みも設けられている」、「低所得者（⑤区分オ）について、さらに低い自己負担限度額が設定されている」といった配慮がされています。

同一の医療機関での自己負担が、上限を超えないときでも、同じ月に複数の医療機関でそれぞれ21,000円以上の支払があれば、自己負担を合算することができます。この合算額が負担の上限額を超えれば、高額療養費の支給対象となります。

なお、70歳以上の場合には、医療機関や金額の多寡を問わず、すべての自己負担が合算の対象となります。

2 出産時の健康保険からの給付

（1）出産育児一時金

被保険者が出産したときは、出産育児一時金、被扶養者が出産したときは、家族出産育児一時金が支給されます。全国健康保険協会（協会けんぽ）又は健康保険組合へ申請することで、子ども1人につき50万円（産科医療補償制度に加入していない医療機関等で出産した場合などは1人につき48万8,000円）が支給されます。なお、多胎児を出産したときは、胎児数分が支給されます。

（2）出産手当金

被保険者が出産のため会社を休み、その間に給与の支払を受けなかった場合は、出産手当金が支給されます。出産の日（実際の出産が予定日後のときは出産予定日）以前の42日（多胎妊娠の場合は98日）から出産の翌日以後56日目までの範囲内で、会社を休んだ期間を対象とします。

出産手当金は、1日につき被保険者の直近の継続した12か月間の各月の標準報酬月額を平均した額の30分の1に3分の2を乗じた額が支給されます。会社を休んだ日について給与の支払があっても、給与が出産手当金の額より少ない場合は、**出産手当金と支払われた給与の差額が出産手当金**として支給されます。被扶養者には支給されません。

4 年金保険（厚生年金保険）の給付

1 厚生年金保険の位置付け

厚生年金保険は、会社員と公務員が加入する年金保険です。

日本の公的年金制度は20歳以上60歳未満の全員が加入する国民年金（基礎年金）と、厚生年金の2階建て構造になっており、会社員と公務員は2つの年金制度に加入していることになります。

【年金保険の仕組み】

			企業年金
2階			厚生年金保険
1階	国民年金（基礎年金）（全員）		
	第1号被保険者	第3号被保険者	第2号被保険者
	自営業者等	第2号被保険者の配偶者（専業主婦など）	会社員・公務員

2 厚生年金保険からの主な保険給付

厚生年金保険からの主な保険給付として、次のようなものがあります。

- **老齢厚生年金**…老後の年金として支給される。
- **障害厚生年金**…障害の状態になった場合に支給される年金（障害等級1・2・3級）。
- **障害手当金**…障害の状態になった場合に支給される一時金（3級よりやや軽い障害が残ったとき）。
- **遺族厚生年金**…被保険者等が死亡した場合に遺族に対して支給される。

年金保険の保険給付は、老後のものだけでなく、上記のとおり、障害を受けた場合の障害年金や、被保険者が死亡した場合の遺族への遺族年

金などもあります。

　また、厚生年金保険に加入しているということは、国民年金にも加入していることになるので、国民年金から、老齢給付として**老齢基礎年金**、障害給付として障害基礎年金、遺族給付として遺族基礎年金が支給されます（基本的に２階建てで支給）。

　一般的な給付例は、下図のとおりです。障害年金を受給している人が老齢年金の受給要件を満たしたときなどは、基本的には、複数の受給権のうち１つを選択し、年金を受け取ることになります。

【年金給付の例】

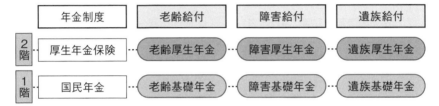

内容	条件
老齢厚生年金	老後の生計を支えるため65歳から支給される（生年月日により、65歳前から支給されることもある）。
障害厚生年金	けがや疾病によって１〜３級程度の障害となった場合に支給される（３級に該当しない場合にも障害手当金が支給されることがある）。
遺族厚生年金	厚生年金に加入している人が死亡した場合に、遺族に対して支給される。

3 厚生年金保険の保険給付の内容

・老齢厚生年金

　老齢厚生年金は、次ページの上図のような位置付けになっています。次ページの図のうち、老齢基礎年金は国民年金から支給されます。

【老齢年金給付の内容】

年金額

65歳
▼

報酬比例部分	
定額部分	経過的加算
	老齢基礎年金
加給年金額	

①報酬比例部分

　次のa＋bの合算額が年金額の合計となります。なお、一定の要件を満たす配偶者・子がいる場合は加給年金額（下記③参照）が加算されます。

---

a. 平成15年3月までの被保険者期間分

平均標準報酬月額（再評価率）× $\dfrac{7.125}{1000}$ × 被保険者期間の月数

---

b. 平成15年4月以降の被保険者期間分

平均標準報酬額（再評価率）× $\dfrac{5.481}{1000}$ × 被保険者期間の月数

---

②定額部分

1,628円 × 改定率 × 乗率（1.875〜1.000）（ⅰ）× 被保険者期間の月数（ⅱ）

（ⅰ）大正15年4月2日以後生まれから昭和21年4月1日生まれは生年月日に応じて1.875〜1.032とされる。

（ⅱ）生年月日に応じて、次のとおり。

受給権者の生年月日	月数の上限
昭和4年4月1日以前生まれ	420月
昭和4年4月2日〜昭和9年4月1日生まれ	432月
昭和9年4月2日〜昭和19年4月1日生まれ	444月
昭和19年4月2日〜昭和20年4月1日生まれ	456月
昭和20年4月2日〜昭和21年4月1日生まれ	468月
昭和21年4月2日以降生まれ	480月

③加給年金額

　加給年金額の支給要件は、次のとおりです。

・老齢厚生年金の年金額の計算の基礎となる被保険者期間の月数が240以上あり、以下のa・bの者との生計維持関係があること

a. 65歳未満の配偶者
b. 18歳に達する日以後の最初の3月31日までの間にある子、又は、20歳未満で障害等級の1級若しくは2級の障害の状態にある子

【支給開始年齢表】

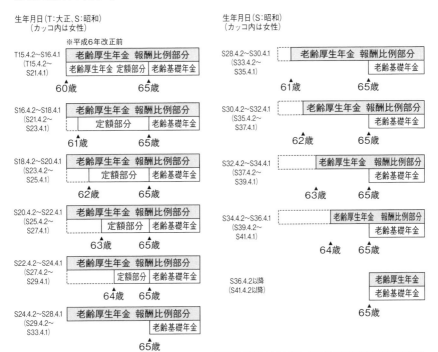

生年月日(T:大正、S:昭和)
（カッコ内は女性）

生年月日(S:昭和)
（カッコ内は女性）

※公務員の期間のある女性は、男性と支給開始年齢が同じになります。

　老齢厚生年金の支給開始年齢は上図のように生年月日ごとに区切られ、段階的に支給開始年齢の引上げが行われています。昭和36年4月2日以降生まれの男性、昭和41年4月2日以降生まれの女性は、65歳から支給開始となります。

5 雇用保険の給付

1 雇用保険からの主な保険給付

（1）基本手当

　雇用保険は失業保険とも呼ばれ、主な給付は基本手当です。失業していた日について、1日当たりの金額が支給されます。給付額は、離職日の直前の6か月間の平均の給与（**賃金日額**）に基づいて計算されます。

　年齢に応じて、**賃金日額の45～80%が1日分の基本手当日額**として支給されることになります。

$$基本手当日額 \ = \ 賃金日額 \ \times \ 45～80\%$$

$$賃金日額 \ = \ \frac{被保険者期間として計算された最後の6か月間に支払われた賃金の総額}{180日}$$

（2）基本手当の受給資格

　上記（1）の基本手当を受けるためには離職の日以前の2年間に通算して12か月以上雇用保険の被保険者であったこと（受給資格）が必要です。この受給資格の決定を受けた人を**受給資格者**といいます。

【基本手当の受給の流れ】

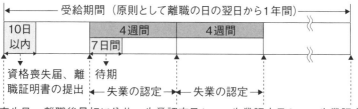

基本手当を受けるには、失業の認定日（４週間に１回）に、受給資格者の住所を管轄する公共職業安定所で手続が必要です。

【雇用保険の主な保険給付】

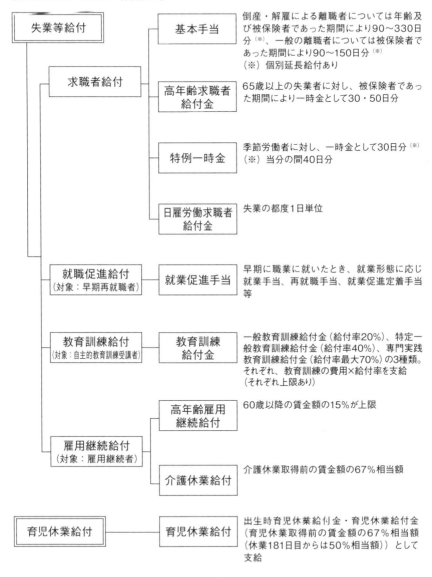

2 基本手当の所定給付日数

基本手当を受給できる期間は**会社を退職した日の翌日から1年以内**です。基本手当日額に下図の該当する日数を掛けたものが基本手当として支給される総額になります。

会社を退職した理由によって、基本手当を受給できる日数が異なります。

【基本手当の所定給付日数】

①**特定受給資格者以外**（一般の離職者／自己都合で退職した場合　※下記②を除く）

区分＼算定基礎期間	1年以上10年未満	10年以上20年未満	20年以上
全年齢	90日	120日	150日

②**就職困難な受給資格者**（障害を持っている場合）

区分＼算定基礎期間	1年未満	1年以上5年未満	5年以上10年未満	10年以上20年未満	20年以上
45歳未満	150日	300日			
45歳以上65歳未満		360日			

③**特定受給資格者**（会社の都合により退職した場合　※上記②を除く）

区分＼算定基礎期間	1年未満	1年以上5年未満	5年以上10年未満	10年以上20年未満	20年以上
30歳未満	90日	90日	120日	180日	－
30歳以上35歳未満		120日	180日	210日	240日
35歳以上45歳未満		150日	180日	240日	270日
45歳以上60歳未満		180日	240日	270日	330日
60歳以上65歳未満		150日	180日	210日	240日

3 育児休業期間中の雇用保険からの給付

育児休業期間中には、雇用保険から**育児休業給付金**が支給されます。育児休業給付金は、育児休業を取る人に休業前の賃金の約50%（休業日数が通算180日までは約67%）が支給されます。

第7章第7節で述べたとおり、育児休業を取得できる期間は、原則として子が1歳に達するまでですが、パパ・ママ育休プラス制度により子

が1歳2か月に達するまで取得することができ、さらに、子が1歳6か月、最大で2歳に達するまでの延長が認められる場合もあります。育児休業給付金は、延長された場合等も含め、育児休業の期間を対象として支給されます。

【育児休業給付金の支給期間（子を出産した女性の場合）】

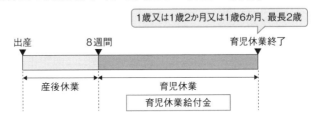

《令和4年10月施行の改正》

令和4年10月施行の改正で創設された「出生時育児休業（いわゆる産後パパ育休）」の期間についても、出生時育児休業給付金（給付率67％）が支給されることになっています。

4 高齢者への雇用保険からの給付

定年退職した後、同じ会社や関連会社などで引き続き雇用することを継続雇用といいます。

会社が定年年齢を65歳未満としている場合は定年の引き上げ、継続雇用制度の導入、定年の廃止のいずれかの措置が義務付けられており、継続雇用を行う場合には65歳までの雇用が義務付けられています。

継続雇用された場合、給与が下がることが一般的です。雇用保険に加入していた期間が5年以上あり、60歳到達時に比べ賃金が75％未満となった場合、**高年齢雇用継続基本給付金**が支給され、**最大で再雇用後の賃金の15％**（61％未満に低下した場合）を受給できます。

【高年齢雇用継続給付の要件】

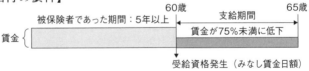

6 労災保険の給付

1 労災保険からの主な保険給付

主な保険給付として、次のようなものがあります。業務災害による給付の場合は名称に「補償」が付き、通勤災害による給付の場合は名称に「補償」が付きません。

・療養（補償）給付…業務災害又は通勤災害によるけがや病気で労災指定病院などで治療を受ける場合、その全額について支給される。

・休業（補償）給付…業務災害又は通勤災害によるけがや病気で働くことができない場合、所得補償として支給される。

・傷病（補償）年金…業務災害又は通勤災害によるけがや病気が治癒せず、傷病等級に該当する場合に支給される。

・障害（補償）給付…業務災害又は通勤災害によるけがや病気が治癒したものの障害が残り、障害等級に該当する場合に支給される。

・遺族（補償）給付…業務災害又は通勤災害により被保険者が死亡した場合、遺族に対して支給される。

【個別の給付の代表例：休業補償給付】

労働者が業務災害により働くことができず会社を休んだ場合、会社を休んだ日の通算4日目から休業補償給付が支給されます。待期期間中は、会社は労働基準法による**平均賃金の60％の休業補償**を行わなければなりません。

休業1日当たり、給付基礎日額の60％の休業補償給付に加え、**給付基礎日額の20％の特別支給金**が支給されます。つまり、**休業開始前の給与の約80％**が労災保険から支給されることになります。

2 労災保険の給付基礎日額

　労災保険には、所得補償を目的とする給付があります。給付額を算出する際に用いる基準となるものを**給付基礎日額**といいます。給付基礎日額は、原則として、労働基準法上の平均賃金に相当する額とされます。

$$平均賃金 = \frac{賃金総額（算定事由の発生した日以前3か月間に支払われたもの）}{総日数（算定事由の発生した日以前3か月間）}$$

　次の4つについては、平均賃金ではなく、厚生労働省令により政府が算定する額を給付基礎日額とする場合があります。

①平均賃金の算定する期間中に業務外の理由で休んだ期間がある場合
②じん肺（粉じんなどを吸い込んだことが原因の肺疾患）にかかり、労災保険の保険給付を受けることになった場合
③平均賃金相当額を給付基礎日額とすることが適当でない場合
④平均賃金相当額が自動変更対象額[※]に満たない場合

（※）給付基礎日額の最低ラインを定めたもので、毎年8月に見直しが行われる。

3 労災保険からのその他の給付

（1）複数業務要因災害に関する保険給付

　複数の会社等で働く者（複数事業労働者）については、次のように労災保険の保険給付が行われます。

①給付基礎日額は、災害発生事業場の給付基礎日額に相当する額と非災害発生事業場の給付基礎日額に相当する額とを合算して決定。

②事業場ごとの業務上の負荷をそれぞれ単独で判断して労災認定要件を満たさない場合、各事業場の業務上の負荷を総合的に評価して判断。

　➡労災認定されれば、「複数業務要因災害に関する保険給付」を支給

　なお、「複数業務要因災害に関する保険給付」の種類は、業務災害に関する保険給付・通勤災害に関する保険給付と同様です。その名称は、「複数事業労働者●●●●」とされています。

例）休業（補償）給付と同じ内容のものは「複数事業労働者休業給付」。

（2）二次健康診断等給付

　業務上の負荷による脳血管疾患・心臓疾患を予防するために、要件に該当した者に「二次健康診断」と「特定保健指導」を行う「二次健康診断等給付」が設けられています。

【労災保険の保険給付（業務災害・通勤災害）】

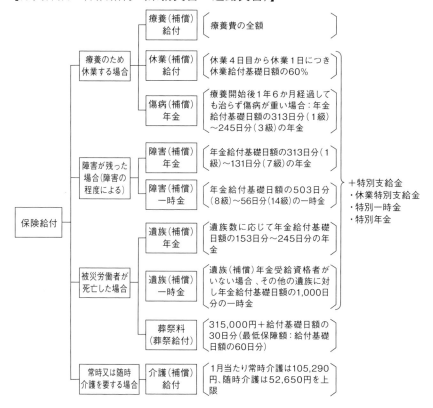

【労災保険の保険給付（その他）】

・複数業務要因災害に関する保険給付
　→複数事業労働者の２つ以上の事業の業務を要因とする負傷、疾病、障害又は死亡に関する保険給付。
　　　名称は異なるが、その種類・内容は、業務災害・通勤災害に関する保険給付と同様。

・二次健康診断等給付
　→定期健康診断等（一次健康診断）で異常の所見が認められた場合に、二次健康診断及び特定保健指導を１年度内に１回、無料で受診できる。

第 9 章

給与計算の演習問題

計算問題については、以下の条件で解答してください。

○健康保険の被保険者（加入者）については、介護保険第2号被保険者に該当する場合には、介護保険の保険料も徴収するものとします。

○割増賃金：

　・割増賃金は、時間単価×割増率×時間数で求める

　・1か月の平均所定労働日数を求める場合は、うるう年を考慮しない

　・割増率は法定の最低基準とする

○端数処理：

　・時間単価は50銭未満切捨て、50銭以上1円未満切上げ

　・1か月の平均所定労働日数・労働時間は小数点第2位を切捨て

　・1か月における時間外・深夜・法定休日労働のそれぞれの割増賃金の総額の端数は、50銭未満切捨て、50銭以上1円未満切上げ

　・1か月における時間外・深夜・法定休日労働のそれぞれの時間数の合計の端数は、30分未満切捨て、30分以上1時間未満切上げ

　・保険料は50銭以下切捨て、50銭超1円未満切上げ

　・所得税は1円未満切捨て

○計算問題に必要な資料は巻末付録を参考にしてください。

○公共交通機関を利用する場合は、最も経済的かつ合理的な経路及び方法であるものとします。

○通勤手当等まとめて支給された手当等を月数で除し各月の報酬に算入する場合、計算過程で端数が出た場合は切捨てとします。

○1週間の起算日は日曜日とします。

○健康保険・厚生年金保険における「短時間就労者」とは、4分の3基準（週の所定労働時間及び1か月の所定労働日数が正社員の4分の3以上）を満たしているが、正社員（通常の労働者）より短時間の労働条件で勤務する者をいいます。

○健康保険・厚生年金保険における「短時間労働者」とは、4分の3基準は満たしていないが、週所定労働時間20時間以上、賃金月額8.8万円以上、一定規模の企業等に勤務などの適用拡大の要件を満たす者とします。

次の2つの事例について、割増賃金の基礎となる賃金の合計
を計算してください。

事例1

○支給内容（月給）
　基本給：320,000円
　役職手当：70,000円（部長70,000円、課長50,000円、主任15,000円）
　住宅手当：35,000円
　通勤手当：14,000円（1か月分・公共交通機関）

※住宅手当は一律支給ではありません。

【解答欄】

割増賃金の基礎となる賃金額：　　　　　　　　　　　　円

事例2

○支給内容（月給）
　基本給：215,000円
　資格手当：5,000円
　住宅手当：10,000円（全員一律に支給）
　家族手当：16,000円（妻10,000円、16歳未満の子6,000円支給）
　通勤手当：24,372円（3か月分・公共交通機関）

【解答欄】

割増賃金の基礎となる賃金額：　　　　　　　　　　　　円

解説と解答①

事例1

割増賃金の計算の基礎となる賃金額は、給与から住宅手当、通勤手当を除いて求めます。

基本給（320,000円）＋役職手当（70,000円）＝ **390,000円**

割増賃金の基礎となる賃金額：　390,000円

事例2

割増賃金の計算の基礎となる賃金額は、給与から家族手当、通勤手当を除いて求めます。
住宅手当は一律支給のため含めます。

基本給（215,000円）＋資格手当（5,000円）＋住宅手当（10,000円）＝
230,000円

割増賃金の基礎となる賃金額：　230,000円

演習② 次の２つの事例について、割増賃金の合計を計算してください。

事例1

○１年間の所定労働日数：252日 ○１日の所定労働時間：８時間 ○賃金締め日：毎月15日 ○賃金支給日：当月25日 ○支給内容（月給） 　基本給：225,000円 　役職手当：15,000円 　家族手当：20,000円 　通勤手当：15,830円 　（１か月分・公共交通機関）	○勤怠状況 　６月16日（金）：残業62分 　６月22日（木）：残業192分 　６月23日（金）：残業240分、深夜残業55分 　７月６日（木）：残業87分 　７月７日（金）：残業125分 　７月９日（日）：法定休日出勤420分 　７月10日（月）：残業152分 　７月11日（火）：残業135分 　※残業時間には22時以降の時間は含まれていません。

※家族手当は一律支給ではありません。

↓勤怠状況を記入してみましょう

月日	時間外労働時間	深夜労働時間	法定休日労働時間
６月16日（金）			
６月22日（木）			
６月23日（金）			
７月６日（木）			
７月７日（金）			
７月９日（日）			
７月10日（月）			
７月11日（火）			
合計時間			

【解答欄】

割増賃金の合計額：　　　　　　　　　　　円

解説と解答②

事例1

１年間の所定労働日数252日と１日の所定労働時間８時間より、１か月当たりの所定労働時間を求めます。

252日 × 8時間 ÷ 12 = **168時間**

割増賃金の算定基礎額は、給与から家族手当・通勤手当を除いて求めます。

基本給（225,000円）＋役職手当（15,000円）＝ **240,000円**

1時間当たりの賃金額を、算定基礎額（240,000円）と1か月当たりの所定労働時間（168時間）から算出します。

240,000円÷168時間＝1,428.57…円　※50銭以上1円未満切上げ→**1,429円**

勤怠状況より、時間外・深夜・休日の労働時間数を求め、それぞれの割増賃金を計算します。

（単位：分）

月日	時間外労働時間	深夜労働時間	法定休日労働時間
6月16日（金）	62		
6月22日（木）	192		
6月23日（金）	240	55	
7月6日（木）	87		
7月7日（金）	125		
7月9日（日）			420
7月10日（月）	152		
7月11日（火）	135		
合計時間	993	55	420

〈時間外労働手当〉

993分÷60分　→16時間33分　※30分以上1時間未満切上げ→**17時間**

1,429円×1.25×17時間＝30,366.25円　※50銭未満切捨て→**30,366円**

〈深夜労働手当〉

55分　※30分以上1時間未満切上げ→**1時間**

深夜労働手当は時間外と深夜の割増率を合計して計算します。

1,429円×1.5（時間外1.25＋深夜0.25）×1時間＝2,143.5円

※50銭以上1円未満切上げ→**2,144円**

〈法定休日労働手当〉

420分÷60分＝7時間

1,429円×1.35×7時間＝13,504.05円　※50銭未満切捨て→**13,504円**

割増賃金の合計を計算します。

時間外労働手当（30,366円）＋深夜労働手当（2,144円）＋法定休日労働手当（13,504円）＝46,014円

割増賃金の合計額：46,014円

事例2

○1年間の所定労働日数：240日 ○1日の所定労働時間：7時間30分 ○所定労働時間を超えた時間については全て時間外労働として割増賃金を支払う ○賃金締め日：毎月末日 ○賃金支給日：翌月25日 ○支給内容（月給） 　基本給：250,000円 　役職手当：30,000円 　家族手当：10,000円 　住宅手当：12,000円 　資格手当：4,000円 　通勤手当：2,500円（1か月分・公共交通機関）	○勤怠状況 　5月2日（火）：残業45分 　5月8日（月）：残業70分 　5月16日（火）：残業30分 　5月22日（月）：残業148分 　5月23日（火）：残業85分 　5月24日（水）：残業90分 　5月26日（金）：残業240分、 　　　　　　　　　深夜残業45分 　5月28日（日）：法定休日出勤500分 ※残業時間には22時以降の時間は含まれていません。

※家族手当、住宅手当は一律支給ではありません。

↓勤怠状況を記入してみましょう

月日	時間外労働時間	深夜労働時間	法定休日労働時間
5月2日（火）			
5月8日（月）			
5月16日（火）			
5月22日（月）			
5月23日（火）			
5月24日（水）			
5月26日（金）			
5月28日（日）			
合計時間			

【解答欄】

割増賃金の合計額：　　　　　　　　　　円

解説と解答②

事例2

1年間の所定労働日数240日と1日の所定労働時間7時間30分より、1か月当たりの所定労働時間を求めます。

240日×7時間30分÷12 = **150時間**

割増賃金の算定基礎額は、給与から家族手当・通勤手当・住宅手当を除

いて求めます。

基本給（250,000円）＋役職手当（30,000円）＋資格手当（4,000円）＝ **284,000円**

１時間当たりの賃金額を、算定基礎額（284,000円）と１か月当たりの所定労働時間（150時間）から算出します。

284,000円 ÷ 150時間 ＝ 1,893.33…円　※50銭未満切捨て→ **1,893円**

勤怠状況より、時間外・深夜・休日の労働時間数を求め、それぞれの割増賃金を計算します。

（単位：分）

月日	時間外労働時間	深夜労働時間	法定休日労働時間
５月２日（火）	45		
５月８日（月）	70		
５月16日（火）	30		
５月22日（月）	148		
５月23日（火）	85		
５月24日（水）	90		
５月26日（金）	240	45	
５月28日（日）			500
合計時間	708	45	500

〈時間外労働手当〉

708分 ÷ 60分　→11時間48分　※30分以上1時間未満切上げ→ **12時間**

1,893円 × 1.25 × 12時間 ＝ **28,395円**

〈深夜労働手当〉

45分　※30分以上1時間未満切上げ→ **1時間**

深夜労働手当は時間外と深夜の割増率を合計して計算します。

1,893円 × 1.5 × 1時間 ＝ 2,839.5円　※50銭以上1円未満切上げ→ **2,840円**

〈法定休日労働手当〉

500分 ÷ 60分　→8時間20分　※30分未満切捨て→ **8時間**

1,893円 × 1.35 × 8時間 ＝ 20,444.4円　※50銭未満切捨て→ **20,444円**

割増賃金の合計を計算します。

時間外労働手当（28,395円）＋深夜労働手当（2,840円）＋法定休日労働手当（20,444円）＝ 51,679円

割増賃金の合計額：51,679円

演習③　次の事例について、平均賃金額を計算してください。

事例

○1年間の所定労働日数：250日 ○1日の所定労働時間：7時間 ○賃金締め日：毎月末日 ○賃金支給日：翌月25日 ○支給内容（各月同じ） 　基本給：270,000円 　役職手当：25,000円 　家族手当：22,000円 　通勤手当：15,640円 　（1か月分・公共交通機関）	○勤怠状況 　算定事由発生時3か月前には欠勤等なし ○算定事由発生日 　4月11日、4月12日、4月18日の3回

※2月は28日とします。

【解答欄】

平均賃金額：＿＿＿＿＿＿＿＿＿＿円

解説と解答③

基本給（270,000円）＋役職手当（25,000円）＋家族手当（22,000円）＋
非課税通勤手当（15,640円）＝ **332,640円**

賃金計算期間の賃金

1月1日〜1月31日：332,640円

2月1日〜2月28日：332,640円

3月1日〜3月31日：332,640円

3か月の賃金の総額：997,920円

賃金計算期間の日数

1月1日〜1月31日：31日

2月1日〜2月28日：28日

3月1日〜3月31日：31日

3か月の総日数：90日（31日＋28日＋31日）

平均賃金を計算します。

997,920円÷90日＝11,088円

平均賃金額：11,088円

演習④ 次の２つの事例について、年次有給休暇の８割以上出勤を確認するための出勤率を計算してください（小数点以下四捨五入）。

事例１

○１年間の休日日数：125日
○勤怠状況
　無断欠勤日数：25日
　有給休暇取得日数：8日
　産前産後休暇日数：98日
　育児休業日数：86日
　出勤日数：23日

【解答欄】

出勤率：　　　　　％

事例２

○１年間の休日日数：120日
○勤怠状況
　代替休暇取得日数：3日
　有給休暇取得日数：20日
　欠勤日数：5日
　介護休業日数：35日
　出勤日数：182日

【解答欄】

出勤率：　　　　　％

解説と解答④

事例1

1年間の休日日数125日より、全労働日数を求めます。

365日 − 1年間の休日日数125日 = **240日**

☞ 無断欠勤日数は、年次有給休暇の算定基礎となる全労働日に含めます。

1年間の出勤日数を求めます。

出勤日数23日 + 有給休暇取得日数8日 + 産前産後休暇日数98日 + 育児休業日数86日 = 215日

出勤日数を全労働日数で除して、出勤率を求めます。

出勤日数215日 ÷ 全労働日数240日 × 100 = 89.58…%

※小数点以下四捨五入→90%

出勤率：90%

事例2

1年間の休日日数120日より、全労働日数を求めます。

365日 − 1年間の休日日数120日 − 代替休暇3日 = **242日**

☞ 代替休暇は、正当な手続により労働義務を免除された日であることから、年次有給休暇の算定基礎となる全労働日数から除きます。
☞ 欠勤日数は、全労働日数に含めます。

1年間の出勤日数を求めます。

出勤日数182日 + 有給休暇取得日数20日 + 介護休業日数35日 = 237日

出勤日数を全労働日数で除して、出勤率を求めます。

出勤日数237日 ÷ 全労働日数242日 × 100 = 97.93…%

※小数点以下四捨五入→98%

出勤率：98%

演習⑤ 次の2つの事例について、資格取得時決定される標準報酬月額を求めてください。

事例1

○支給内容（月給）
　基本給：300,000円
　役職手当：30,000円
　住宅手当：20,000円
　家族手当：15,000円
　通勤手当：77,100円（6か月分・公共交通機関）

【解答欄】

　　　　　　　　　　健康保険の標準報酬月額：　　　　　　　　　　円
　　　　　　　　　　厚生年金保険の標準報酬月額：　　　　　　　　　　円

事例2

○1日の所定労働時間：7時間30分
○1か月の所定労働日数：17日
○支給内容（時給）
　時給：1,500円
　通勤手当：600円（1日往復・公共交通機関）

【解答欄】

　　　　　　　　　　健康保険の標準報酬月額：　　　　　　　　　　円
　　　　　　　　　　厚生年金保険の標準報酬月額：　　　　　　　　　　円

解説と解答⑤

事例1

報酬月額の対象となる1か月の支給額を決定します。

基本給（300,000円）＋役職手当（30,000円）＋住宅手当（20,000円）＋家族手当（15,000円）＝365,000円

非課税通勤手当の1か月当たりの額を計算します。

77,100円 ÷ 6 ＝ 12,850円

365,000円 ＋ 12,850円 ＝ 377,850円を標準報酬月額の等級表に当てはめます（巻末付録②参照）。

健康保険の標準報酬月額：380,000円
厚生年金保険の標準報酬月額：380,000円

事例2

報酬月額の対象となる1か月の支給額を決定します。

時給（1,500円）× 7.5時間（7時間30分）× 17日 ＝ 191,250円

非課税通勤手当の1か月分の額を計算します。

600円 × 17日 ＝ 10,200円

191,250円 ＋ 10,200円 ＝ 201,450円を標準報酬月額の等級表に当てはめます（巻末付録②参照）。

健康保険の標準報酬月額：200,000円
厚生年金保険の標準報酬月額：200,000円

演習⑥ 次の２つの事例について、定時決定される標準報酬月額を求めてください。ただし、短時間労働者ではないものとする。

事例1

○賃金締め日：毎月末日
○賃金支給日：翌月10日
○支給内容（月給）
　基本給：300,000円
　通勤手当：9,540円（1か月分・公共交通機関）
○報酬支払基礎日数・報酬月額
　4月：31日・347,040円
　5月：30日・344,697円
　6月：31日・332,978円

【解答欄】

健康保険の標準報酬月額：　　　　　　　　　　円

厚生年金保険の標準報酬月額：　　　　　　　　円

事例2

○賃金締め日：毎月末日
○賃金支給日：翌月10日
○支給内容（月給）
　基本給：240,000円
　通勤手当：6,220円（1か月分・公共交通機関）
○報酬支払基礎日数・報酬月額
　4月：14日・187,354円
　5月：30日・276,220円
　6月：31日・283,720円

【解答欄】

健康保険の標準報酬月額：　　　　　　　　　　円

厚生年金保険の標準報酬月額：　　　　　　　　円

解説と解答⑥

事例1

3か月とも報酬支払基礎日数が17日以上のため、報酬月額の対象となる月数は3か月

3か月間に受けた報酬の総額を計算します。

4月（347,040円）＋5月（344,697円）＋6月（332,978円）＝1,024,715円

3か月の平均報酬月額を計算します。

1,024,715円÷3＝341,571.66…円

報酬月額341,571.66…円を標準報酬月額の等級表に当てはめます（巻末付録②参照）。

健康保険の標準報酬月額：340,000円
厚生年金保険の標準報酬月額：340,000円

事例2

4月は報酬支払基礎日数が17日未満のため、報酬月額の対象となる月数は5月、6月の2か月

2か月間に受けた報酬の総額を計算します。

5月（276,220円）＋6月（283,720円）＝559,940円

2か月の平均報酬月額を計算します。

559,940円÷2＝279,970円

報酬月額279,970円を標準報酬月額の等級表に当てはめます（巻末付録②参照）。

健康保険の標準報酬月額：280,000円
厚生年金保険の標準報酬月額：280,000円

演習⑦ 次の２つの事例について、随時改定される標準報酬月額を求めてください。ただし、短時間労働者ではないものとする。

事例1

○賃金締め日：毎月末日
○賃金支給日：当月25日
○従前の標準報酬月額：260,000円
○支給内容（月給）
　基本給：250,000円
　→10月1日から270,000円に昇給
○勤怠状況
　欠勤等はなし
○報酬支払基礎日数・報酬月額
　10月：31日・320,500円
　11月：30日・351,000円
　12月：31日・295,200円

【解答欄】

健康保険の標準報酬月額：＿＿＿＿＿＿＿＿円

厚生年金保険の標準報酬月額：＿＿＿＿＿＿＿＿円

事例2

○賃金締め日：毎月末日
○賃金支給日：翌月10日
○従前の標準報酬月額：134,000円
○支給内容（時給）
　時給：1,200円
　→6月1日から1,250円に昇給
○報酬支払基礎日数・報酬月額
　7月：20日・145,324円
　8月：21日・165,578円
　9月：20日・138,698円

【解答欄】

健康保険の標準報酬月額：＿＿＿＿＿＿＿＿円

厚生年金保険の標準報酬月額：＿＿＿＿＿＿＿＿円

解説と解答⑦

事例1

3か月間に受けた報酬の総額を計算します。

10月（320,500円）＋11月（351,000円）＋12月（295,200円）＝966,700円

3か月の平均報酬月額を計算します。

966,700円÷3＝322,233.33…円

報酬月額322,233.33…円を標準報酬月額の等級表に当てはめます（巻末付録②参照）。

報酬支払基礎日数がいずれも17日以上あり、従前の標準報酬月額より2等級以上上がるため、随時改定の対象となります。

健康保険の標準報酬月額：320,000円
厚生年金保険の標準報酬月額：320,000円

事例2

3か月間に受けた報酬の総額を計算します。

7月（145,324円）＋8月（165,578円）＋9月（138,698円）＝449,600円

3か月の平均報酬月額を計算します。

449,600円÷3＝149,866.66…円

報酬月額149,866.66…円を標準報酬月額の等級表に当てはめます（巻末付録②参照）。

報酬支払基礎日数がいずれも17日以上あり、従前の標準報酬月額より2等級以上上がるため、随時改定の対象となります。

健康保険の標準報酬月額：150,000円
厚生年金保険の標準報酬月額：150,000円

演習⑧ 次の2つの事例について、報酬月額を計算し、社会保険料を
求めてください。

事例1

○社会保険：協会けんぽ（東京都）
○本人の年齢：30歳
○支給内容（月給）
　基本給：437,200円
　営業手当：5,000円
　通勤手当：17,640円（1か月分・公共交通機関）

【解答欄】

健康保険料：　　　　　　　　　　円

厚生年金保険料：　　　　　　　　円

事例2

○社会保険：協会けんぽ（東京都）
○本人の年齢：50歳
○支給内容（月給）
　基本給：650,000円
　役職手当：70,000円
　通勤手当：86,880円（6か月分・公共交通機関）

【解答欄】

健康保険料・介護保険料：　　　　　円

厚生年金保険料：　　　　　　　　円

解説と解答⑧

事例1

報酬月額の対象となる1か月の支給額を計算します。

基本給（437,200円）＋営業手当（5,000円）＋通勤手当（17,640円）＝ 459,840円

459,840円を標準報酬月額の等級表に当てはめます（巻末付録②参照）。

30歳のため、介護保険は対象外となります。

健康保険の標準報酬月額（470,000円）、厚生年金保険の標準報酬月額（470,000円）

保険料額表より、該当する等級の保険料を求めます。

健康保険料：23,453円

厚生年金保険料：43,005円

事例2

報酬月額の対象となる1か月の支給額を計算します。

基本給（650,000円）＋役職手当（70,000円）＝720,000円

通勤手当の、1か月当たりの額を計算します。

86,880円÷6＝14,480円

720,000円＋14,480円＝734,480円を標準報酬月額の等級表に当てはめます（巻末付録②参照）。

50歳のため、介護保険対象者です。

健康保険の標準報酬月額（750,000円）、厚生年金保険の標準報酬月額（650,000円）

保険料額表より、該当する等級の保険料を求めます。

> 👉 厚生年金保険の標準報酬月額は、上限が650,000円となります。

健康保険料・介護保険料：43,425円

厚生年金保険料：59,475円

演習⑨ 次の２つの事例について、控除する雇用保険料を求めてください。

【事例1】

○事業所：一般の事業所
○雇用形態：社員
○支給内容（月給）
　基本給：280,000円
　通勤手当：25,000円（２か月分・公共交通機関）

【解答欄】

雇用保険料：　　　　　　　円

【事例2】

○事業所：建設の事業所
○雇用形態：アルバイト
○支給内容（時給）
　月額：96,850円
　通勤手当：0円

【解答欄】

雇用保険料：　　　　　　　円

解説と解答⑨

事例1

労働保険料の対象となる1か月の支給額を計算します。

雇用保険の保険料は、賃金を支払う都度その賃金から控除するため、通勤手当の1か月当たりの金額を求める必要はなく、支給された通勤手当を全額計上します。

基本給（280,000円）＋非課税通勤手当（25,000円）＝305,000円

一般の事業所の雇用保険料率1,000分の6（巻末付録⑤参照）

305,000円×6/1000＝1,830円

雇用保険料：1,830円

事例2

労働保険料の対象となる1か月の支給額96,850円

建設の事業所の雇用保険料率1,000分の7（巻末付録⑤参照）

96,850円×7/1000＝677.95円　※50銭超1円未満切上げ→**678円**

雇用保険料：678円

演習⑩ 次の２つの事例について、通勤手当にかかる課税対象額を計算してください。

事例１

○通勤手段：公共交通機関
○支給内容
　通勤手当：180,000円（１か月分）

【解答欄】

課税対象額：　　　　　　　円

事例２

○通勤手段：自動車（マイカー）・片道27km
○マイカー片道27kmの場合の１か月当たりの非課税限度額：18,700円
○支給内容
　通勤手当：20,000円（１か月分）

【解答欄】

課税対象額：　　　　　　　円

解説と解答⑩

事例1

公共交通機関を利用した場合の1か月当たりの通勤手当が150,000円を超える場合、超えた額を課税通勤手当として支給

180,000円 − 150,000円 = 30,000円

課税対象額：30,000円

事例2

マイカー片道27km（25km以上35km未満）の1か月当たりの通勤手当が18,700円を超える場合は、超えた額を課税通勤手当として支給

> ☞自転車、バイク、自動車などを使用して通勤する場合、1か月当たりの非課税限度額が通勤の距離に応じて決まっています（第3章第5節参照）。

20,000円 − 18,700円 = 1,300円

課税対象額：1,300円

演習⑪ 次の事例について、減給の制裁の限度額を計算してください。

〔事例〕

○算定事由発生日以前３か月の賃金の総額：1,092,000円
○算定事由発生日以前３か月の総日数：91日
○減給の制裁を行う月の賃金の総額：364,000円

※減給の制裁について就業規則に規定しているものとします。

【解答欄】

１回の額の限度額：　　　　　　　　　　　円

一賃金支払期における限度額：　　　　　　円

算定事由発生日以前3か月の賃金の総額と算定事由発生日以前3か月の
総日数から平均賃金を算出します。

1,092,000円 ÷ 91日 = 12,000円

平均賃金から減給の制裁の1回の額の限度額を算出します。

平均賃金1日分の半額を超えてはならないため、

12,000円 ÷ 2 = 6,000円

1回の額の限度額：6,000円

減給の制裁を行う月の賃金の総額から、一賃金支払期における限度額を
算出します。

一賃金支払期の賃金の総額の10分の1を超えてはならないため、

364,000円 ÷ 10 = 36,400円

一賃金支払期における限度額：36,400円

演習⑫ 次の事例について、賞与の差引支給額を計算してください。

○賞与金額：652,500円
○前月の社会保険料等控除後の給与等の金額（課税対象額）：317,292円
○税区分：甲欄
○控除対象扶養親族等の数：1人
○本人の年齢：43歳

> 従業員負担分の保険料率：協会けんぽ（東京都）
> 健康保険　　　49.90/1000　（99.80/1000×1/2）
> 介護保険　　　 8.00/1000　（16.00/1000×1/2）
> 厚生年金保険　91.50/1000　（183.00/1000×1/2）
> 雇用保険　　　　一般の事業

〈賞与明細書〉

(単位：円)

	項目	金額
支給項目	賞与	652,500
	課税支給額	652,500
	総支給額	652,500
控除項目	健康保険料	
	介護保険料	
	厚生年金保険料	
	雇用保険料	
	社会保険料合計	
	課税対象額	
	所得税	
	控除額合計	
差引支給額		

【解答欄】

差引支給額：

_____ 円

解説と解答⑫

標準賞与額を求めます。652,500円　※1,000円単位切捨て→652,000円
控除項目を計算します。
健康保険料（652,000円）×49.90/1000＝32,534.8円　※50銭超1円未満切
上げ→32,535円
介護保険料（652,000円）×8.00/1000＝5,216円

厚生年金保険料（652,000円）×91.50/1000＝59,658円

雇用保険料（652,500円）×6/1000＝3,915円

〈社会保険料合計〉

健康保険料（32,535円）＋介護保険料（5,216円）＋厚生年金保険料（59,658円）＋雇用保険料（3,915円）＝101,324円

〈課税対象額〉

652,500円 － 101,324円 ＝ 551,176円

〈所得税〉

前月の社会保険料等控除後の給与等の金額（課税対象額）と、控除対象扶養親族等の数を「賞与に対する源泉徴収税額の算出率の表」（巻末付録⑦参照）に当てはめて税率を求め、賞与から社会保険料を控除した金額に掛けます。

所得税率6.126％

551,176円 × 6.126％ ＝ 33,765.04…円　※1円未満切捨て→33,765円

〈控除額合計〉

社会保険料合計（101,324円）＋所得税（33,765円）＝ 135,089円

〈差引支給額〉

652,500円 － 135,089円 ＝ 517,411円

〈賞与明細書〉　　　　　　　　　（単位：円）

項目		金額
支給項目	賞与	652,500
	課税支給額	652,500
	総支給額	652,500
控除項目	健康保険料	32,535
	介護保険料	5,216
	厚生年金保険料	59,658
	雇用保険料	3,915
	社会保険料合計	101,324
	課税対象額	551,176
	所得税	33,765
	控除額合計	135,089
差引支給額		517,411

差引支給額：517,411円

演習⑬ 次の事例について、賞与の差引支給額を計算してください。

○賞与金額：246,000円（計算の基礎となる期間は6か月）
○前月の社会保険料等控除後の給与等の金額（課税対象額）：0円
○税区分：甲欄
○控除対象扶養親族等の数：0人
○本人の年齢：24歳

従業員負担分の保険料率：協会けんぽ（東京都）
健康保険　　　49.90/1000　（99.80/1000×1/2）
介護保険　　　 8.00/1000　（16.00/1000×1/2）
厚生年金保険　91.50/1000　（183.00/1000×1/2）
雇用保険　　　　一般の事業

〈賞与明細書〉

(単位：円)

項目		金額
支給項目	賞与	246,000
	課税支給額	246,000
	総支給額	246,000
控除項目	健康保険料	
	介護保険料	
	厚生年金保険料	
	雇用保険料	
	社会保険料合計	
	課税対象額	
	所得税	
	控除額合計	
差引支給額		

【解答欄】　　　　　　　　　　　差引支給額：　　　　　　　　　円

解説と解答⑬

標準賞与額を求めます。

246,000 円

控除項目を計算します。

健康保険料（246,000円）× 49.90/1000 = 12,275.4円　※50銭以下切捨て

→12,275 円

介護保険対象外→0 円

厚生年金保険料（246,000円）× 91.50/1000 = 22,509 円

雇用保険料（246,000円）× 6/1000 = 1,476 円

〈社会保険料合計〉

健康保険料（12,275円）＋厚生年金保険料（22,509円）＋雇用保険料

（1,476円）= 36,260 円

〈課税対象額〉

246,000 円 − 36,260 円 = 209,740 円

〈所得税〉

前月に給与の支払がない場合には、「給与所得の源泉徴収税額表（月額表）」（巻末付録⑥参照）を使って次の①〜③の手順で計算します。

> ①賞与から社会保険料等を引いた金額× 1 / 6 [※]
> ②上記①を給与所得の源泉徴収税額表（月額表）に当てはめる。
> ③上記②で求めた税額× 6 [※] =賞与算出税額
> （※）賞与の計算の基礎になる期間が 6 か月を超えるとき、①は1/12、③は12とする。

課税対象額の209,740円を当てはめると

①209,740 円× 1 / 6 = 34,956.66…円　※ 1 円未満切捨て→34,956 円

②月額表に当てはめると、扶養控除人数 0 人で88,000円未満のため、0 円

③ 0 円× 6 = 0 円

〈控除額合計〉

36,260 円 + 0 円 = 36,260 円

〈差引支給額〉

246,000 円 − 36,260 円 = 209,740 円

〈賞与明細書〉 (単位：円)

項目		金額
支給項目	賞与	246,000
	課税支給額	246,000
	総支給額	246,000
控除項目	健康保険料	12,275
	介護保険料	0
	厚生年金保険料	22,509
	雇用保険料	1,476
	社会保険料合計	36,260
	課税対象額	209,740
	所得税	0
	控除額合計	36,260
差引支給額		209,740

差引支給額：209,740円

演習⑭ 次の事例について、賞与の差引支給額を計算してください。

○賞与金額：450,000円（計算の基礎となる期間は6か月）
○前月の社会保険料等控除後の給与等の金額（課税対象額）：30,000円
○税区分：甲欄
○控除対象扶養親族等の数：0人
○本人の年齢：30歳

従業員負担分の保険料率：協会けんぽ（東京都）
健康保険　　　49.90/1000　（99.80/1000 × 1/2）
介護保険　　　 8.00/1000　（16.00/1000 × 1/2）
厚生年金保険　91.50/1000　（183.00/1000 × 1/2）
雇用保険　　　　一般の事業

〈賞与明細書〉

（単位：円）

項目		金額
支給項目	賞与	450,000
	課税支給額	450,000
	総支給額	450,000
控除項目	健康保険料	
	介護保険料	
	厚生年金保険料	
	雇用保険料	
	社会保険料合計	
	課税対象額	
	所得税	
	控除額合計	
差引支給額		

【解答欄】　　　　　　　　　　　差引支給額：　　　　　　　　円

解説と解答⑭

標準賞与額を求めます。

450,000円

控除項目を計算します。

健康保険料（450,000円）× 49.90/1000 = 22,455円

介護保険対象外→0円

厚生年金保険料（450,000円）× 91.50/1000 = 41,175円

雇用保険料（450,000円）× 6/1000 = 2,700円

〈社会保険料合計〉

健康保険料（22,455円）＋厚生年金保険料（41,175円）＋雇用保険料（2,700円）= 66,330円

〈課税対象額〉

450,000円 − 66,330円 = 383,670円

〈所得税〉

社会保険料等を差し引いた賞与額が、前月の社会保険料等控除後の給与等の金額（課税対象額）の10倍を超える場合は、「給与所得の源泉徴収税額表（月額表）」（巻末付録⑥参照）を使って次の①〜⑤の手順で計算します。

①賞与から社会保険料等を引いた金額× 1 / 6 [※]
②上記①＋前月の給与から社会保険料等を差し引いた金額
③上記②の金額を「給与所得の源泉徴収税額表（月額表）」に当てはめる。
④上記③−前月の給与に対する源泉徴収税額
⑤上記④× 6 [※] ＝賞与算出税額
（※）賞与の計算の基礎になる期間が6か月を超えるとき、①は1/12、⑤は12とする。

課税対象額の383,670円を当てはめると

①383,670円× 1 / 6 = 63,945円

②63,945円 + 30,000円 = 93,945円

③93,945円を月額表に当てはめると、控除対象扶養親族等の数0人で93,000円以上94,000円未満のため、390円

④前月の社会保険料控除後の給与等の金額は30,000円のため、月額表に
　当てはめると0円。390円 − 0円 = 390円
⑤390円 × 6 = 2,340円
〈控除額合計〉
66,330円 + 2,340円 = 68,670円

〈差引支給額〉
450,000円 − 68,670円 = 381,330円

〈賞与明細書〉

（単位：円）

	項目	金額
支給項目	賞与	450,000
	課税支給額	450,000
	総支給額	450,000
控除項目	健康保険料	22,455
	介護保険料	0
	厚生年金保険料	41,175
	雇用保険料	2,700
	社会保険料合計	66,330
	課税対象額	383,670
	所得税	2,340
	控除額合計	68,670
差引支給額		381,330

差引支給額：381,330円

4月1日に入社した社員の5月25日支給の給与計算につい
て①～③に答えてください。

①社会保険料を求めてください。
②割増賃金の合計額を計算してください。
③5月支給給与の差引支給額を計算してください。

事例

○1年間の休日日数：107日
○1日の所定労働時間：8時間（9：00～18：00）
○賃金締め日：毎月末日
○賃金支給日：翌月25日
○社会保険：協会けんぽ（東京都）
○資格取得時の報酬月額に割増賃金の見込額を含めないものとする
○雇用保険：一般の事業
○本人の年齢：50歳
○税区分：甲欄
○控除対象扶養親族等の数：3人
○支給内容（月給）
　基本給：320,000円
　役職手当：45,000円
　家族手当：18,000円（人数に応じて支給）
　住宅手当：25,000円（一律全員に支給）
　通勤手当：11,000円（1か月分・公共交通機関）
○割増率は法定の最低基準とする
○勤怠集計：時間外労働時間を集計する場合は、22時以降の時間を含める

【解答欄】
①社会保険料

健康保険料・介護保険料：	円
厚生年金保険料：	円

②割増賃金の合計額

割増賃金の合計額：	円

4月　出勤簿

日付	曜日	始業時刻	終業時刻	休憩時間	労働時間	時間外労働時間(22時以降含む)	深夜労働時間(22時以降)	法定休日時間	代休時間	備考	証印
1	土									所定休日	
2	日									法定休日	
3	月	9:00	18:00	1:00	8:00						
4	火	9:00	18:00	1:00	8:00						
5	水	9:00	20:20	1:00	10:20						
6	木	9:00	18:00	1:00	8:00						
7	金	9:00	18:00	1:00	8:00						
8	土	9:00	18:00	1:00	8:00					所定休日	
9	日									法定休日	
10	月									代休(4/8分)	
11	火	9:00	18:47	1:00	8:47						
12	水	9:00	18:00	1:00	8:00						
13	木	9:00	18:00	1:00	8:00						
14	金	9:00	18:00	1:00	8:00						
15	土									所定休日	
16	日	9:00	18:00	1:00	8:00					法定休日振替出勤(4/19分)	
17	月	9:00	20:35	1:00	10:35						
18	火	9:00	19:38	1:00	9:38						
19	水									振替休日(4/16分)	
20	木	9:00	21:40	1:00	11:40						
21	金	9:00	22:47	1:00	12:47						
22	土									所定休日	
23	日	9:00	19:00	1:00	9:00					法定休日	
24	月	9:00	19:27	1:00	9:27						
25	火	9:00	22:12	1:00	12:12						
26	水	9:00	19:10	1:00	9:10						
27	木	9:00	20:44	1:00	10:44						
28	金	9:00	18:00	1:00	8:00						
29	土									所定休日	
30	日									法定休日	
合　計											
端数処理　計											

〈給与明細書〉 （単位：円）

項目		金額
支給項目	基本給	
	役職手当	
	家族手当	
	住宅手当	
	時間外労働手当	
	深夜労働手当	
	法定休日労働手当	
	代休割増手当	
	非課税通勤手当	
	課税通勤手当	
	課税支給額	
	非課税支給額	
	総支給額	
控除項目	健康保険料・介護保険料	
	厚生年金保険料	
	雇用保険料	
	社会保険料合計	
	課税対象額	
	所得税	
	控除額合計	
差引支給額		

③5月支給給与の差引支給額

差引支給額：　　　　　円

解説と解答⑮

①社会保険料

報酬月額の対象となる１か月の支給額を決定します。

基本給（320,000円）＋役職手当（45,000円）＋家族手当（18,000円）＋
住宅手当（25,000円）＋通勤手当（11,000円）＝419,000円

報酬月額（419,000円）を標準報酬月額の等級表に当てはめます。

健康保険の標準報酬月額**410,000円**

厚生年金保険の標準報酬月額**410,000円**

年齢が40歳以上のため、介護保険料を含んだ健康保険料を求めます。

健康保険料・介護保険料：**23,739円**

厚生年金保険料：**37,515円**

②割増賃金の合計額

１年間の休日日数107日より、１年間の所定労働日数を求めます。

365日－107日＝**258日**

１か月当たりの所定労働時間を求めます。

258日×8時間÷12＝**172時間**

割増賃金の算定基礎額は、本来は家族手当、住宅手当・通勤手当を除いて求めますが、住宅手当が一律で全員に支払われているため、算定基礎額に含めて計算します。

基本給（320,000円）＋役職手当（45,000円）＋住宅手当（25,000円）＝
390,000円

算定基礎額（390,000円）と１か月当たりの所定労働時間172時間より、１時間当たりの賃金額を算出します。

390,000円÷172時間＝2,267.44…円　※50銭未満切捨て→**2,267円**

勤怠状況より、時間外・深夜・休日の労働時間数を求め、それぞれの割増賃金を計算します。

4月　出勤簿

日付	曜日	始業時刻	終業時刻	休憩時間	労働時間	時間外労働時間(22時以降含む)	深夜労働時間(22時以降)	法定休日時間	代休時間	備考	証印
1	土									所定休日	
2	日									法定休日	
3	月	9:00	18:00	1:00	8:00						
4	火	9:00	18:00	1:00	8:00						
5	水	9:00	20:20	1:00	10:20	2:20					
6	木	9:00	18:00	1:00	8:00						
7	金	9:00	18:00	1:00	8:00						
8	土	9:00	18:00	1:00	8:00	8:00				所定休日	
9	日									法定休日	
10	月					−8:00			8:00	代休(4/8分)	
11	火	9:00	18:47	1:00	8:47	0:47					
12	水	9:00	18:00	1:00	8:00						
13	木	9:00	18:00	1:00	8:00						
14	金	9:00	18:00	1:00	8:00						
15	土									所定休日	
16	日	9:00	18:00	1:00	8:00					法定休日振替出勤(4/19分)	
17	月	9:00	20:35	1:00	10:35	2:35					
18	火	9:00	19:38	1:00	9:38	1:38					
19	水									振替休日(4/16分)	
20	木	9:00	21:40	1:00	11:40	3:40					
21	金	9:00	22:47	1:00	12:47	4:47	0:47				
22	土									所定休日	
23	日	9:00	19:00	1:00	9:00			9:00		法定休日	
24	月	9:00	19:27	1:00	9:27	1:27					
25	火	9:00	22:12	1:00	12:12	4:12	0:12				
26	水	9:00	19:10	1:00	9:10	1:10					
27	木	9:00	20:44	1:00	10:44	2:44					
28	金	9:00	18:00	1:00	8:00						
29	土									所定休日	
30	日									法定休日	
合　計						25:20	0:59	9:00	8:00		
端数処理　計						25:00	1:00	9:00	8:00		

〈時間外労働手当〉

25時間20分　※30分未満切捨て→25時間

2,267円×1.25×25時間＝70,843.75円　※50銭以上1円未満切上げ→70,844円

〈深夜労働手当〉

59分　※30分以上1時間未満切上げ→1時間

深夜労働時間における時間外労働手当は算出済→深夜の割増率のみで計算します。

2,267円 × 0.25 × 1時間 = 566.75円　※50銭以上1円未満切上げ→567円

〈法定休日労働手当〉

2,267円 × 1.35 × 9時間 = 27,544.05円　※50銭未満切捨て→27,544円

〈代休割増手当〉

2,267円 × 0.25 × 8時間 = 4,534円

70,844円 + 567円 + 27,544円 + 4,534円 = 103,489円

割増賃金の合計額：103,489円

③5月支給給与の差引支給額

〈課税支給額〉

基本給（320,000円）＋役職手当（45,000円）＋家族手当（18,000円）＋住宅手当（25,000円）＋割増賃金合計（時間外休日他103,489円）= 511,489円

〈非課税支給額〉

通勤手当 11,000円

〈総支給額〉

課税支給額（511,489円）＋非課税支給額（11,000円）= 522,489円

控除項目を計算します。

条件に「報酬月額に割増賃金の見込額を含めないものとする」とあるので、標準報酬月額は410,000円となる。

健康保険料・介護保険料（23,739円）

厚生年金保険料（37,515円）

雇用保険料（522,489円）× 6/1000 = 3,134.934円

※50銭超1円未満切上げ→3,135円

〈社会保険料合計〉

健康保険料・介護保険料（23,739円）＋厚生年金保険料（37,515円）＋雇用保険料（3,135円）= 64,389円

〈課税対象額〉

511,489円 − 64,389円 = 447,100円

〈所得税〉

「給与所得の源泉徴収税額表（月額表）」（巻末付録⑥参照）に447,100円
を当てはめます。

甲欄の扶養親族等の数3人が交わるところの所得税額→10,730円

〈控除額合計〉

64,389円 +10,730円 = 75,119円

〈差引支給額〉

522,489円 − 75,119円 = 447,370円

〈給与明細書〉 （単位：円）

項目		金額
支給項目	基本給	320,000
	役職手当	45,000
	家族手当	18,000
	住宅手当	25,000
	時間外労働手当	70,844
	深夜労働手当	567
	法定休日労働手当	27,544
	代休割増手当	4,534
	非課税通勤手当	11,000
	課税通勤手当	0
	課税支給額	511,489
	非課税支給額	11,000
	総支給額	522,489
控除項目	健康保険料・介護保険料	23,739
	厚生年金保険料	37,515
	雇用保険料	3,135
	社会保険料合計	64,389
	課税対象額	447,100
	所得税	10,730
	控除額合計	75,119
	差引支給額	447,370

差引支給額：447,370円

巻末付録

①給与計算業務に係る各種手続

1　社員の入社・退社に関する手続

● 社員が入社した際の手続

手続	必要書類	提出先	提出期限
健康保険・厚生年金保険の被保険者資格を取得したことの届出	①健康保険・厚生年金保険被保険者資格取得届 ②健康保険被扶養者異動届（被扶養者がいる人） ③第3号被保険者関係届	事務センター又は年金事務所（健康保険組合）	5日以内
雇用保険の被保険者資格を取得したことの届出	雇用保険被保険者資格取得届^(※)	公共職業安定所	入社月の翌月10日

（※）その他提示を求められる場合があるもの
　　　・賃金台帳、労働者名簿、出勤簿、など

● 社員が退職した際の手続

手続	必要書類	提出先	提出期限
健康保険・厚生年金保険の被保険者資格を喪失したことの届出	健康保険・厚生年金保険被保険者資格喪失届	事務センター又は年金事務所（健康保険組合）	5日以内
雇用保険の被保険者資格を喪失したことの届出	雇用保険被保険者資格喪失届	公共職業安定所	10日以内
雇用保険の被保険者が離職したことの証明^(※1)	雇用保険被保険者離職証明書	公共職業安定所	10日以内
源泉徴収票の発行	給与所得の源泉徴収票	退職者本人	1か月以内
給与所得者が異動したことの届出^(※2)	給与所得者異動届出書	市区町村役場	退職日の翌月10日

（※1）被保険者が離職する際に離職票の交付を希望しない場合は提出不要（離職者が59歳以上の場合は交付を希望していなくても離職証明書の提出が必要）
（※2）退職者が普通徴収への切り替えを希望する場合、又は一括徴収を行った場合

2 社員の報酬に関する手続

● 標準報酬月額の随時改定（月額変更届）

手続	必要書類	提出先	提出期限
健康保険・厚生年金保険の被保険者の報酬月額に変更があったことの届出	健康保険・厚生年金保険被保険者報酬月額変更届	事務センター又は年金事務所（健康保険組合）	速やかに

● 標準報酬月額の定時決定（算定基礎届）

手続	必要書類	提出先	提出期限
健康保険・厚生年金保険の被保険者の報酬月額の算定を行ったことの届出	健康保険・厚生年金保険被保険者報酬月額算定基礎届	事務センター又は年金事務所（健康保険組合）	7月1日〜7月10日

● 育児休業等を終了した際の報酬月額を変更する場合の手続

手続	必要書類	提出先	提出期限
健康保険・厚生年金保険の被保険者が育児休業を終了した日の翌日が属する月以後3か月間に受けた報酬により標準報酬月額を改定する届出	①育児休業等終了時報酬月額変更届 ②厚生年金保険養育期間標準報酬月額特例申出書	事務センター又は年金事務所（健康保険組合）	速やかに

（※）産後休業を終了した際は、産前産後休業終了時報酬月額変更届を提出

● 賞与を支払った際の手続

手続	必要書類	提出先	提出期限
健康保険・厚生年金保険の被保険者に賞与を支払ったことの届出	健康保険・厚生年金保険被保険者賞与支払届	事務センター又は年金事務所（健康保険組合）	賞与を支払った日から5日以内

3 社員が一定年齢に到達した際の手続

到達年齢	条件	手続（必要な書類）	提出先	提出期限
40歳	健康保険の被保険者が40歳に達した場合	40歳に達した日（40歳の誕生日の前日）の属する月分から介護保険料を徴収	届出不要	
60歳	定年後に引き続き再雇用される場合	健康保険・厚生年金保険被保険者資格の「喪失届」と「取得届」を同時に提出 ※就業規則や退職事例の写し等、退職したことがわかる書類＋再雇用の雇用契約書等	事務センター又は年金事務所（健康保険組合）	5日以内
	60歳以降雇用される社員の給与が60歳到達時点と比べて75％未満に下がった場合	高年齢雇用継続基本給付金の申請 ①雇用保険被保険者六十歳到達時等賃金証明書 ②高年齢雇用継続給付受給資格確認票 ③高年齢雇用継続給付支給申請書	公共職業安定所	支給対象月の初日から起算して4か月以内
65歳	健康保険の被保険者が65歳に達した場合	65歳に達した日（65歳の誕生日の前日）の属する月分から介護保険料の徴収をしない	届出不要	
70歳	厚生年金保険の被保険者が70歳に達した場合	70歳以上被用者該当届、厚生年金被保険者資格喪失届の提出（喪失日は70歳の誕生日の前日）	事務センター又は年金事務所（健康保険組合） ※70歳到達時の標準報酬月額相当額が変更する場合のみ提出	5日以内
75歳	健康保険の被保険者が75歳に達した場合	健康保険被保険者資格喪失届の提出（喪失日は75歳の誕生日の当日）	事務センター又は年金事務所（健康保険組合）	5日以内

4 社員に関するその他の手続

状況	必要書類	提出先	提出期限
社員が雇用保険被保険者証を紛失した場合	雇用保険被保険者証再交付申請書	公共職業安定所	期限に定めなし
社員が健康保険被保険者証を紛失した場合	健康保険被保険者証再交付申請書	協会けんぽ都道府県支部（健康保険組合）	適宜
社員が産前産後休業を開始した場合	産前産後休業取得者申出書	事務センター又は年金事務所（健康保険組合）	申出を受けた時
社員が育児休業を開始した場合	①育児休業等取得者申出書	事務センター又は年金事務所（健康保険組合）	申出を受けた時
	②雇用保険被保険者休業開始時賃金月額証明書 ③育児休業給付受給資格確認票・育児休業給付金支給申請書	公共職業安定所	休業開始日から4か月を経過する日の属する月の末日
社員が介護休業を取得した場合	①雇用保険被保険者休業開始時賃金月額証明書	公共職業安定所	申請書を提出するまでに
	②介護休業給付金支給申請書	公共職業安定所	休業終了日の翌日から2か月を経過する日の属する月の末日
社員の被扶養者の追加、削除、氏名変更等があった場合	健康保険被扶養者（異動）届	事務センター又は年金事務所（健康保険組合）	事実発生から5日以内
社員を転勤させた場合	雇用保険被保険者転勤届	転勤後の公共職業安定所	10日以内

巻末付録

状況	必要書類	提出先	提出期限
社員が死亡した場合	健康保険・厚生年金保険被保険者資格喪失届	事務センター又は年金事務所（健康保険組合）	5日以内
	雇用保険被保険者資格喪失届	公共職業安定所	10日以内
	健康保険被保険者埋葬料（費）支給申請書	協会けんぽ都道府県支部（健康保険組合）	時効は2年

5　社会保険料・税の納付の期限等

種類	納付先	期限	納付方法（原則）
健康保険料	日本年金機構（健康保険組合）	翌月末日（毎月）	納入告知書により金融機関等から納付 (※)
厚生年金保険料	日本年金機構		
雇用保険料	都道府県労働局	6月1日～7月10日（年1回）	納付書により金融機関等から納付 (※)
労災保険料			
源泉徴収した所得税	税務署	翌月10日（毎月）	納付書により金融機関等から納付
特別徴収した住民税	市区町村	翌月10日（毎月）	納付書により金融機関等から納付

（※）法令で、口座振替による納付も認められている。

②令和6年3月分（4月納付分）からの健康保険・厚生年金保険の保険料額表

▶健康保険料率：令和6年3月分〜　適用　▶厚生年金保険料率：平成29年9月分〜　適用
▶介護保険料率：令和6年3月分〜　適用　▶子ども・子育て拠出金率：令和2年4月分〜　適用

（東京都）

標準報酬		報酬月額		全国健康保険協会管掌健康保険				厚生年金保険料（厚生年金基金加入員を除く）	
				介護保険第2号被保険者に該当しない場合		介護保険第2号被保険者に該当する場合		一般、坑内員・船員	
等級	月額			9.98%		11.58%		18.300%※	
				全額	折半額	全額	折半額	全額	折半額
		円以上	円未満						
1	58,000	～	63,000	5,788.4	2,894.2	6,716.4	3,358.2		
2	68,000	63,000 ～	73,000	6,786.4	3,393.2	7,874.4	3,937.2		
3	78,000	73,000 ～	83,000	7,784.4	3,892.2	9,032.4	4,516.2		
4(1)	88,000	83,000 ～	93,000	8,782.4	4,391.2	10,190.4	5,095.2	16,104.00	8,052.00
5(2)	98,000	93,000 ～	101,000	9,780.4	4,890.2	11,348.4	5,674.2	17,934.00	8,967.00
6(3)	104,000	101,000 ～	107,000	10,379.2	5,189.6	12,043.2	6,021.6	19,032.00	9,516.00
7(4)	110,000	107,000 ～	114,000	10,978.0	5,489.0	12,738.0	6,369.0	20,130.00	10,065.00
8(5)	118,000	114,000 ～	122,000	11,776.4	5,888.2	13,664.4	6,832.2	21,594.00	10,797.00
9(6)	126,000	122,000 ～	130,000	12,574.8	6,287.4	14,590.8	7,295.4	23,058.00	11,529.00
10(7)	134,000	130,000 ～	138,000	13,373.2	6,686.6	15,517.2	7,758.6	24,522.00	12,261.00
11(8)	142,000	138,000 ～	146,000	14,171.6	7,085.8	16,443.6	8,221.8	25,986.00	12,993.00
12(9)	150,000	146,000 ～	155,000	14,970.0	7,485.0	17,370.0	8,685.0	27,450.00	13,725.00
13(10)	160,000	155,000 ～	165,000	15,968.0	7,984.0	18,528.0	9,264.0	29,280.00	14,640.00
14(11)	170,000	165,000 ～	175,000	16,966.0	8,483.0	19,686.0	9,843.0	31,110.00	15,555.00
15(12)	180,000	175,000 ～	185,000	17,964.0	8,982.0	20,844.0	10,422.0	32,940.00	16,470.00
16(13)	190,000	185,000 ～	195,000	18,962.0	9,481.0	22,002.0	11,001.0	34,770.00	17,385.00
17(14)	200,000	195,000 ～	210,000	19,960.0	9,980.0	23,160.0	11,580.0	36,600.00	18,300.00
18(15)	220,000	210,000 ～	230,000	21,956.0	10,978.0	25,476.0	12,738.0	40,260.00	20,130.00
19(16)	240,000	230,000 ～	250,000	23,952.0	11,976.0	27,792.0	13,896.0	43,920.00	21,960.00
20(17)	260,000	250,000 ～	270,000	25,948.0	12,974.0	30,108.0	15,054.0	47,580.00	23,790.00
21(18)	280,000	270,000 ～	290,000	27,944.0	13,972.0	32,424.0	16,212.0	51,240.00	25,620.00
22(19)	300,000	290,000 ～	310,000	29,940.0	14,970.0	34,740.0	17,370.0	54,900.00	27,450.00
23(20)	320,000	310,000 ～	330,000	31,936.0	15,968.0	37,056.0	18,528.0	58,560.00	29,280.00
24(21)	340,000	330,000 ～	350,000	33,932.0	16,966.0	39,372.0	19,686.0	62,220.00	31,110.00
25(22)	360,000	350,000 ～	370,000	35,928.0	17,964.0	41,688.0	20,844.0	65,880.00	32,940.00
26(23)	380,000	370,000 ～	395,000	37,924.0	18,962.0	44,004.0	22,002.0	69,540.00	34,770.00
27(24)	410,000	395,000 ～	425,000	40,918.0	20,459.0	47,478.0	23,739.0	75,030.00	37,515.00
28(25)	440,000	425,000 ～	455,000	43,912.0	21,956.0	50,952.0	25,476.0	80,520.00	40,260.00
29(26)	470,000	455,000 ～	485,000	46,906.0	23,453.0	54,426.0	27,213.0	86,010.00	43,005.00
30(27)	500,000	485,000 ～	515,000	49,900.0	24,950.0	57,900.0	28,950.0	91,500.00	45,750.00
31(28)	530,000	515,000 ～	545,000	52,894.0	26,447.0	61,374.0	30,687.0	96,990.00	48,495.00
32(29)	560,000	545,000 ～	575,000	55,888.0	27,944.0	64,848.0	32,424.0	102,480.00	51,240.00
33(30)	590,000	575,000 ～	605,000	58,882.0	29,441.0	68,322.0	34,161.0	107,970.00	53,985.00
34(31)	620,000	605,000 ～	635,000	61,876.0	30,938.0	71,796.0	35,898.0	113,460.00	56,730.00
35(32)	650,000	635,000 ～	665,000	64,870.0	32,435.0	75,270.0	37,635.0	118,950.00	59,475.00
36	680,000	665,000 ～	695,000	67,864.0	33,932.0	78,744.0	39,372.0		
37	710,000	695,000 ～	730,000	70,858.0	35,429.0	82,218.0	41,109.0		
38	750,000	730,000 ～	770,000	74,850.0	37,425.0	86,850.0	43,425.0		
39	790,000	770,000 ～	810,000	78,842.0	39,421.0	91,482.0	45,741.0		
40	830,000	810,000 ～	855,000	82,834.0	41,417.0	96,114.0	48,057.0		
41	880,000	855,000 ～	905,000	87,824.0	43,912.0	101,904.0	50,952.0		
42	930,000	905,000 ～	955,000	92,814.0	46,407.0	107,694.0	53,847.0		
43	980,000	955,000 ～	1,005,000	97,804.0	48,902.0	113,484.0	56,742.0		
44	1,030,000	1,005,000 ～	1,055,000	102,794.0	51,397.0	119,274.0	59,637.0		
45	1,090,000	1,055,000 ～	1,115,000	108,782.0	54,391.0	126,222.0	63,111.0		
46	1,150,000	1,115,000 ～	1,175,000	114,770.0	57,385.0	133,170.0	66,585.0		
47	1,210,000	1,175,000 ～	1,235,000	120,758.0	60,379.0	140,118.0	70,059.0		
48	1,270,000	1,235,000 ～	1,295,000	126,746.0	63,373.0	147,066.0	73,533.0		
49	1,330,000	1,295,000 ～	1,355,000	132,734.0	66,367.0	154,014.0	77,007.0		
50	1,390,000	1,355,000 ～		138,722.0	69,361.0	160,962.0	80,481.0		

※厚生年金基金に加入している方の厚生年金保険料率は、基金ごとに定められている免除保険料率（2.4%～5.0%）を控除した率となります。

加入する基金ごとに異なりますので、免除保険料率および厚生年金基金の掛金については、加入する厚生年金基金にお問い合わせください。

◆介護保険第2号被保険者は、40歳から64歳までの方であり、健康保険料率（9.98%）に介護保険料率（1.60%）が加わります。
◆等級欄の（ ）内の数字は、厚生年金保険の標準報酬月額等級です。
　4(1)等級の「報酬月額」欄は、厚生年金保険の場合「93,000円未満」と読み替えてください。
　35(32)等級の「報酬月額」欄は、厚生年金保険の場合「635,000円以上」と読み替えてください。
◆令和6年度における全国健康保険協会の任意継続被保険者について、標準報酬月額の上限は、300,000円です。

○被保険者負担分（表の折半額の欄）に円未満の端数がある場合
　①事業主が、給与から被保険者負担分を控除する場合、被保険者負担分の端数が50銭以下の場合は切り捨て、50銭を超える場合は切り上げて1円となります。
　②被保険者が、被保険者負担分を事業主へ現金で支払う場合、被保険者負担分の端数が50銭未満の場合は切り捨て、50銭以上の場合は切り上げて1円となります。
　（注）①、②にかかわらず、事業主と被保険者間で特約がある場合には、特約に基づき端数処理をすることができます。
○納入告知書の保険料額
　納入告知書の保険料額は、被保険者個々の保険料額を合算した金額になります。ただし、合算した金額に円未満の端数がある場合は、その端数を切り捨てた額となります。
○賞与にかかる保険料額
　賞与に係る保険料額は、賞与額から1,000円未満の端数を切り捨てた額（標準賞与額）に、保険料率を乗じた額となります。
　また、標準賞与額の上限は、健康保険は年間573万円（毎年4月1日から翌年3月31日までの累計額。）となり、厚生年金保険と子ども・子育て拠出金の場合は月間150万円となります。
○子ども・子育て拠出金
　事業主の方は、児童手当の支給に要する費用等の一部として、子ども・子育て拠出金を負担いただくことになります。（被保険者の負担はありません。）
　この子ども・子育て拠出金の額は、被保険者個々の厚生年金保険の標準報酬月額および標準賞与額に、拠出金率（0.36%）を乗じて得た額の総額となります。

③都道府県単位健康保険料率（協会けんぽ）

北海道	10.21%	石川県	9.94%	岡山県	10.02%
青森県	9.49%	福井県	10.07%	広島県	9.95%
岩手県	9.63%	山梨県	9.94%	山口県	10.20%
宮城県	10.01%	長野県	9.55%	徳島県	10.19%
秋田県	9.85%	岐阜県	9.91%	香川県	10.33%
山形県	9.84%	静岡県	9.85%	愛媛県	10.03%
福島県	9.59%	愛知県	10.02%	高知県	9.89%
茨城県	9.66%	三重県	9.94%	福岡県	10.35%
栃木県	9.79%	滋賀県	9.89%	佐賀県	10.42%
群馬県	9.81%	京都府	10.13%	長崎県	10.17%
埼玉県	9.78%	大阪府	10.34%	熊本県	10.30%
千葉県	9.77%	兵庫県	10.18%	大分県	10.25%
東京都	9.98%	奈良県	10.22%	宮崎県	9.85%
神奈川県	10.02%	和歌山県	10.00%	鹿児島県	10.13%
新潟県	9.35%	鳥取県	9.68%	沖縄県	9.52%
富山県	9.62%	島根県	9.92%		

※40歳から64歳までの方（介護保険第2号被保険者）は、これに全国一律
の介護保険料率（1.60％）が加わります。
※変更後の健康保険料率と介護保険料率の適用は、一般の被保険者は3月分
（4月納付分）、任意継続被保険者及び日雇特例被保険者は4月分からとな
ります。

④厚生年金保険料率

保険料の算定対象月	保険料率
平成29年9月～	1000分の183.00

⑤雇用保険料率

令和6年4月～翌年3月

事業の種類＼負担者	① 労働者負担（失業等給付・育児休業給付の分のみ）	② 事業主負担			①＋② 雇用保険料率
			失業等給付・育児休業給付の分	雇用保険二事業の分	
一般の事業	6／1000	9.5／1000	6／1000	3.5／1000	15.5／1000
農林水産・清酒製造の事業	7／1000	10.5／1000	7／1000	3.5／1000	17.5／1000
建設の事業	7／1000	11.5／1000	7／1000	4.5／1000	18.5／1000

⑥給与所得の源泉徴収税額表（月額表）

(一) **月額表**（平成24年3月31日財務省告示第115号別表第一（令和2年3月31日財務省告示第81号改正））(〜166,999円)

その月の社会保険料等控除後の給与等の金額		甲								乙
		扶　養　親　族　等　の　数								
		0 人	1 人	2 人	3 人	4 人	5 人	6 人	7 人	
以　上	未　満	税					額			税　額
円 88,000	円 円未満	円 0	円 0	円 0	円 0	円 0	円 0	円 0	円 0	円 その月の社会保険料等控除後の給与等の金額の3.063%に相当する金額
88,000	89,000	130	0	0	0	0	0	0	0	3,200
89,000	90,000	180	0	0	0	0	0	0	0	3,200
90,000	91,000	230	0	0	0	0	0	0	0	3,200
91,000	92,000	290	0	0	0	0	0	0	0	3,200
92,000	93,000	340	0	0	0	0	0	0	0	3,300
93,000	94,000	390	0	0	0	0	0	0	0	3,300
94,000	95,000	440	0	0	0	0	0	0	0	3,300
95,000	96,000	490	0	0	0	0	0	0	0	3,400
96,000	97,000	540	0	0	0	0	0	0	0	3,400
97,000	98,000	590	0	0	0	0	0	0	0	3,500
98,000	99,000	640	0	0	0	0	0	0	0	3,500
99,000	101,000	720	0	0	0	0	0	0	0	3,600
101,000	103,000	830	0	0	0	0	0	0	0	3,600
103,000	105,000	930	0	0	0	0	0	0	0	3,700
105,000	107,000	1,030	0	0	0	0	0	0	0	3,800
107,000	109,000	1,130	0	0	0	0	0	0	0	3,800
109,000	111,000	1,240	0	0	0	0	0	0	0	3,900
111,000	113,000	1,340	0	0	0	0	0	0	0	4,000
113,000	115,000	1,440	0	0	0	0	0	0	0	4,100
115,000	117,000	1,540	0	0	0	0	0	0	0	4,100
117,000	119,000	1,640	0	0	0	0	0	0	0	4,200
119,000	121,000	1,750	120	0	0	0	0	0	0	4,300
121,000	123,000	1,850	220	0	0	0	0	0	0	4,500
123,000	125,000	1,950	330	0	0	0	0	0	0	4,800
125,000	127,000	2,050	430	0	0	0	0	0	0	5,100
127,000	129,000	2,150	530	0	0	0	0	0	0	5,400
129,000	131,000	2,260	630	0	0	0	0	0	0	5,700
131,000	133,000	2,360	740	0	0	0	0	0	0	6,000
133,000	135,000	2,460	840	0	0	0	0	0	0	6,300
135,000	137,000	2,550	930	0	0	0	0	0	0	6,600
137,000	139,000	2,610	990	0	0	0	0	0	0	6,800
139,000	141,000	2,680	1,050	0	0	0	0	0	0	7,100
141,000	143,000	2,740	1,110	0	0	0	0	0	0	7,500
143,000	145,000	2,800	1,170	0	0	0	0	0	0	7,800
145,000	147,000	2,860	1,240	0	0	0	0	0	0	8,100
147,000	149,000	2,920	1,300	0	0	0	0	0	0	8,400
149,000	151,000	2,980	1,360	0	0	0	0	0	0	8,700
151,000	153,000	3,050	1,430	0	0	0	0	0	0	9,000
153,000	155,000	3,120	1,500	0	0	0	0	0	0	9,300
155,000	157,000	3,200	1,570	0	0	0	0	0	0	9,600
157,000	159,000	3,270	1,640	0	0	0	0	0	0	9,900
159,000	161,000	3,340	1,720	100	0	0	0	0	0	10,200
161,000	163,000	3,410	1,790	170	0	0	0	0	0	10,500
163,000	165,000	3,480	1,860	250	0	0	0	0	0	10,800
165,000	167,000	3,550	1,930	320	0	0	0	0	0	11,100

(二)   （167,000円～289,999円）

その月の社会保険料等控除後の給与等の金額		甲								乙
		扶　養　親　族　等　の　数								
以　上	未　満	0 人	1 人	2 人	3 人	4 人	5 人	6 人	7 人	
		税					額			税　　額
円	円	円	円	円	円	円	円	円	円	円
167,000	169,000	3,620	2,000	390	0	0	0	0	0	11,400
169,000	171,000	3,700	2,070	460	0	0	0	0	0	11,700
171,000	173,000	3,770	2,140	530	0	0	0	0	0	12,000
173,000	175,000	3,840	2,220	600	0	0	0	0	0	12,400
175,000	177,000	3,910	2,290	670	0	0	0	0	0	12,700
177,000	179,000	3,980	2,360	750	0	0	0	0	0	13,200
179,000	181,000	4,050	2,430	820	0	0	0	0	0	13,900
181,000	183,000	4,120	2,500	890	0	0	0	0	0	14,600
183,000	185,000	4,200	2,570	960	0	0	0	0	0	15,300
185,000	187,000	4,270	2,640	1,030	0	0	0	0	0	16,000
187,000	189,000	4,340	2,720	1,100	0	0	0	0	0	16,700
189,000	191,000	4,410	2,790	1,170	0	0	0	0	0	17,500
191,000	193,000	4,480	2,860	1,250	0	0	0	0	0	18,100
193,000	195,000	4,550	2,930	1,320	0	0	0	0	0	18,800
195,000	197,000	4,630	3,000	1,390	0	0	0	0	0	19,500
197,000	199,000	4,700	3,070	1,460	0	0	0	0	0	20,200
199,000	201,000	4,770	3,140	1,530	0	0	0	0	0	20,900
201,000	203,000	4,840	3,220	1,600	0	0	0	0	0	21,500
203,000	205,000	4,910	3,290	1,670	0	0	0	0	0	22,200
205,000	207,000	4,980	3,360	1,750	130	0	0	0	0	22,700
207,000	209,000	5,050	3,430	1,820	200	0	0	0	0	23,300
209,000	211,000	5,130	3,500	1,890	280	0	0	0	0	23,900
211,000	213,000	5,200	3,570	1,960	350	0	0	0	0	24,400
213,000	215,000	5,270	3,640	2,030	420	0	0	0	0	25,000
215,000	217,000	5,340	3,720	2,100	490	0	0	0	0	25,500
217,000	219,000	5,410	3,790	2,170	560	0	0	0	0	26,100
219,000	221,000	5,480	3,860	2,250	630	0	0	0	0	26,800
221,000	224,000	5,560	3,950	2,340	710	0	0	0	0	27,400
224,000	227,000	5,680	4,060	2,440	830	0	0	0	0	28,400
227,000	230,000	5,780	4,170	2,550	930	0	0	0	0	29,300
230,000	233,000	5,890	4,280	2,650	1,040	0	0	0	0	30,300
233,000	236,000	5,990	4,380	2,770	1,140	0	0	0	0	31,300
236,000	239,000	6,110	4,490	2,870	1,260	0	0	0	0	32,400
239,000	242,000	6,210	4,590	2,980	1,360	0	0	0	0	33,400
242,000	245,000	6,320	4,710	3,080	1,470	0	0	0	0	34,400
245,000	248,000	6,420	4,810	3,200	1,570	0	0	0	0	35,400
248,000	251,000	6,530	4,920	3,300	1,680	0	0	0	0	36,400
251,000	254,000	6,640	5,020	3,410	1,790	170	0	0	0	37,500
254,000	257,000	6,750	5,140	3,510	1,900	290	0	0	0	38,500
257,000	260,000	6,850	5,240	3,620	2,000	390	0	0	0	39,400
260,000	263,000	6,960	5,350	3,730	2,110	500	0	0	0	40,400
263,000	266,000	7,070	5,450	3,840	2,220	600	0	0	0	41,500
266,000	269,000	7,180	5,560	3,940	2,330	710	0	0	0	42,500
269,000	272,000	7,280	5,670	4,050	2,430	820	0	0	0	43,500
272,000	275,000	7,390	5,780	4,160	2,540	930	0	0	0	44,500
275,000	278,000	7,490	5,880	4,270	2,640	1,030	0	0	0	45,500
278,000	281,000	7,610	5,990	4,370	2,760	1,140	0	0	0	46,600
281,000	284,000	7,710	6,100	4,480	2,860	1,250	0	0	0	47,600
284,000	287,000	7,820	6,210	4,580	2,970	1,360	0	0	0	48,600
287,000	290,000	7,920	6,310	4,700	3,070	1,460	0	0	0	49,700

その月の社会保険料等控除後の給与等の金額		甲 扶養親族等の数								乙
		0 人	1 人	2 人	3 人	4 人	5 人	6 人	7 人	
以上	未満	税					額			税額
円	円	円	円	円	円	円	円	円	円	円
290,000	293,000	8,040	6,420	4,800	3,190	1,570	0	0	0	50,900
293,000	296,000	8,140	6,520	4,910	3,290	1,670	0	0	0	52,100
296,000	299,000	8,250	6,640	5,010	3,400	1,790	160	0	0	52,900
299,000	302,000	8,420	6,740	5,130	3,510	1,890	280	0	0	53,700
302,000	305,000	8,670	6,860	5,250	3,630	2,010	400	0	0	54,500
305,000	308,000	8,910	6,980	5,370	3,760	2,130	520	0	0	55,200
308,000	311,000	9,160	7,110	5,490	3,880	2,260	640	0	0	56,100
311,000	314,000	9,400	7,230	5,620	4,000	2,380	770	0	0	56,900
314,000	317,000	9,650	7,350	5,740	4,120	2,500	890	0	0	57,800
317,000	320,000	9,890	7,470	5,860	4,250	2,620	1,010	0	0	58,800
320,000	323,000	10,140	7,600	5,980	4,370	2,750	1,130	0	0	59,800
323,000	326,000	10,380	7,720	6,110	4,490	2,870	1,260	0	0	60,900
326,000	329,000	10,630	7,840	6,230	4,610	2,990	1,380	0	0	61,900
329,000	332,000	10,870	7,960	6,350	4,740	3,110	1,500	0	0	62,900
332,000	335,000	11,120	8,090	6,470	4,860	3,240	1,620	0	0	63,900
335,000	338,000	11,360	8,210	6,600	4,980	3,360	1,750	130	0	64,900
338,000	341,000	11,610	8,370	6,720	5,110	3,480	1,870	260	0	66,000
341,000	344,000	11,850	8,620	6,840	5,230	3,600	1,990	380	0	67,000
344,000	347,000	12,100	8,860	6,960	5,350	3,730	2,110	500	0	68,000
347,000	350,000	12,340	9,110	7,090	5,470	3,850	2,240	620	0	69,000
350,000	353,000	12,590	9,350	7,210	5,600	3,970	2,360	750	0	70,000
353,000	356,000	12,830	9,600	7,330	5,720	4,090	2,480	870	0	71,100
356,000	359,000	13,080	9,840	7,450	5,840	4,220	2,600	990	0	72,100
359,000	362,000	13,320	10,090	7,580	5,960	4,340	2,730	1,110	0	73,100
362,000	365,000	13,570	10,330	7,700	6,090	4,460	2,850	1,240	0	74,200
365,000	368,000	13,810	10,580	7,820	6,210	4,580	2,970	1,360	0	75,200
368,000	371,000	14,060	10,820	7,940	6,330	4,710	3,090	1,480	0	76,200
371,000	374,000	14,300	11,070	8,070	6,450	4,830	3,220	1,600	0	77,100
374,000	377,000	14,550	11,310	8,190	6,580	4,950	3,340	1,730	100	78,100
377,000	380,000	14,790	11,560	8,320	6,700	5,070	3,460	1,850	220	79,000
380,000	383,000	15,040	11,800	8,570	6,820	5,200	3,580	1,970	350	79,900
383,000	386,000	15,280	12,050	8,810	6,940	5,320	3,710	2,090	470	81,400
386,000	389,000	15,530	12,290	9,060	7,070	5,440	3,830	2,220	590	83,100
389,000	392,000	15,770	12,540	9,300	7,190	5,560	3,950	2,340	710	84,700
392,000	395,000	16,020	12,780	9,550	7,310	5,690	4,070	2,460	840	86,500
395,000	398,000	16,260	13,030	9,790	7,430	5,810	4,200	2,580	960	88,200
398,000	401,000	16,510	13,270	10,040	7,560	5,930	4,320	2,710	1,080	89,800
401,000	404,000	16,750	13,520	10,280	7,680	6,050	4,440	2,830	1,200	91,600
404,000	407,000	17,000	13,760	10,530	7,800	6,180	4,560	2,950	1,330	93,300
407,000	410,000	17,240	14,010	10,770	7,920	6,300	4,690	3,070	1,450	95,000
410,000	413,000	17,490	14,250	11,020	8,050	6,420	4,810	3,200	1,570	96,700
413,000	416,000	17,730	14,500	11,260	8,170	6,540	4,930	3,320	1,690	98,300
416,000	419,000	17,980	14,740	11,510	8,290	6,670	5,050	3,440	1,820	100,100
419,000	422,000	18,220	14,990	11,750	8,530	6,790	5,180	3,560	1,940	101,800
422,000	425,000	18,470	15,230	12,000	8,770	6,910	5,300	3,690	2,060	103,400
425,000	428,000	18,710	15,480	12,240	9,020	7,030	5,420	3,810	2,180	105,200
428,000	431,000	18,960	15,720	12,490	9,260	7,160	5,540	3,930	2,310	106,900
431,000	434,000	19,210	15,970	12,730	9,510	7,280	5,670	4,050	2,430	108,500
434,000	437,000	19,450	16,210	12,980	9,750	7,400	5,790	4,180	2,550	110,300
437,000	440,000	19,700	16,460	13,220	10,000	7,520	5,910	4,300	2,680	112,000

巻末付録

その月の社会保険料等控除後の給与等の金額		甲								乙
		扶　養　親　族　等　の　数								
以　上	未　満	0　人	1　人	2　人	3　人	4　人	5　人	6　人	7　人	税　額
		税					額			税　　額
円	円	円	円	円	円	円	円	円	円	円
440,000	443,000	20,090	16,700	13,470	10,240	7,650	6,030	4,420	2,800	113,600
443,000	446,000	20,580	16,950	13,710	10,490	7,770	6,160	4,540	2,920	115,400
446,000	449,000	21,070	17,190	13,960	10,730	7,890	6,280	4,670	3,040	117,100
449,000	452,000	21,560	17,440	14,200	10,980	8,010	6,400	4,790	3,170	118,700
452,000	455,000	22,050	17,680	14,450	11,220	8,140	6,520	4,910	3,290	120,500
455,000	458,000	22,540	17,930	14,690	11,470	8,260	6,650	5,030	3,410	122,200
458,000	461,000	23,030	18,170	14,940	11,710	8,470	6,770	5,160	3,530	123,800
461,000	464,000	23,520	18,420	15,180	11,960	8,720	6,890	5,280	3,660	125,600
464,000	467,000	24,010	18,660	15,430	12,200	8,960	7,010	5,400	3,780	127,300
467,000	470,000	24,500	18,910	15,670	12,450	9,210	7,140	5,520	3,900	129,000
470,000	473,000	24,990	19,150	15,920	12,690	9,450	7,260	5,650	4,020	130,700
473,000	476,000	25,480	19,400	16,160	12,940	9,700	7,380	5,770	4,150	132,300
476,000	479,000	25,970	19,640	16,410	13,180	9,940	7,500	5,890	4,270	134,000
479,000	482,000	26,460	20,000	16,650	13,430	10,190	7,630	6,010	4,390	135,600
482,000	485,000	26,950	20,490	16,900	13,670	10,430	7,750	6,140	4,510	137,200
485,000	488,000	27,440	20,980	17,140	13,920	10,680	7,870	6,260	4,640	138,800
488,000	491,000	27,930	21,470	17,390	14,160	10,920	7,990	6,380	4,760	140,400
491,000	494,000	28,420	21,960	17,630	14,410	11,170	8,120	6,500	4,880	142,000
494,000	497,000	28,910	22,450	17,880	14,650	11,410	8,240	6,630	5,000	143,700
497,000	500,000	29,400	22,940	18,120	14,900	11,660	8,420	6,750	5,130	145,200
500,000	503,000	29,890	23,430	18,370	15,140	11,900	8,670	6,870	5,250	146,800
503,000	506,000	30,380	23,920	18,610	15,390	12,150	8,910	6,990	5,370	148,500
506,000	509,000	30,880	24,410	18,860	15,630	12,390	9,160	7,120	5,490	150,100
509,000	512,000	31,370	24,900	19,100	15,880	12,640	9,400	7,240	5,620	151,600
512,000	515,000	31,860	25,390	19,350	16,120	12,890	9,650	7,360	5,740	153,300
515,000	518,000	32,350	25,880	19,590	16,370	13,130	9,890	7,480	5,860	154,900
518,000	521,000	32,840	26,370	19,900	16,610	13,380	10,140	7,610	5,980	156,500
521,000	524,000	33,330	26,860	20,390	16,860	13,620	10,380	7,730	6,110	158,100
524,000	527,000	33,820	27,350	20,880	17,100	13,870	10,630	7,850	6,230	159,600
527,000	530,000	34,310	27,840	21,370	17,350	14,110	10,870	7,970	6,350	161,000
530,000	533,000	34,800	28,330	21,860	17,590	14,360	11,120	8,100	6,470	162,500
533,000	536,000	35,290	28,820	22,350	17,840	14,600	11,360	8,220	6,600	164,000
536,000	539,000	35,780	29,310	22,840	18,080	14,850	11,610	8,380	6,720	165,400
539,000	542,000	36,270	29,800	23,330	18,330	15,090	11,850	8,630	6,840	166,900
542,000	545,000	36,760	30,290	23,820	18,570	15,340	12,100	8,870	6,960	168,400
545,000	548,000	37,250	30,780	24,310	18,820	15,580	12,340	9,120	7,090	169,900
548,000	551,000	37,740	31,270	24,800	19,060	15,830	12,590	9,360	7,210	171,300
551,000	554,000	38,280	31,810	25,340	19,330	16,100	12,860	9,630	7,350	172,800
554,000	557,000	38,830	32,370	25,890	19,600	16,380	13,140	9,900	7,480	174,300
557,000	560,000	39,380	32,920	26,440	19,980	16,650	13,420	10,180	7,630	175,700
560,000	563,000	39,930	33,470	27,000	20,530	16,930	13,690	10,460	7,760	177,200
563,000	566,000	40,480	34,020	27,550	21,080	17,200	13,970	10,730	7,900	178,700
566,000	569,000	41,030	34,570	28,100	21,630	17,480	14,240	11,010	8,040	180,100
569,000	572,000	41,590	35,120	28,650	22,190	17,760	14,520	11,280	8,180	181,600
572,000	575,000	42,140	35,670	29,200	22,740	18,030	14,790	11,560	8,330	183,100
575,000	578,000	42,690	36,230	29,750	23,290	18,310	15,070	11,830	8,610	184,600
578,000	581,000	43,240	36,780	30,300	23,840	18,580	15,350	12,110	8,880	186,000
581,000	584,000	43,790	37,330	30,850	24,390	18,860	15,620	12,380	9,160	187,500
584,000	587,000	44,340	37,880	31,410	24,940	19,130	15,900	12,660	9,430	189,000
587,000	590,000	44,890	38,430	31,960	25,490	19,410	16,170	12,940	9,710	190,400

（590,000円～739,999円）

その月の社会保険料等控除後の給与等の金額		甲								乙
		扶 養 親 族 等 の 数								
以 上	未 満	0 人	1 人	2 人	3 人	4 人	5 人	6 人	7 人	
		税				額				税 額
円	円	円	円	円	円	円	円	円	円	円
590,000	593,000	45,440	38,980	32,510	26,050	19,680	16,450	13,210	9,990	191,900
593,000	596,000	46,000	39,530	33,060	26,600	20,130	16,720	13,490	10,260	193,400
596,000	599,000	46,550	40,080	33,610	27,150	20,690	17,000	13,760	10,540	194,800
599,000	602,000	47,100	40,640	34,160	27,700	21,240	17,280	14,040	10,810	196,300
602,000	605,000	47,650	41,190	34,710	28,250	21,790	17,550	14,310	11,090	197,800
605,000	608,000	48,200	41,740	35,270	28,800	22,340	17,830	14,590	11,360	199,300
608,000	611,000	48,750	42,290	35,820	29,350	22,890	18,100	14,870	11,640	200,700
611,000	614,000	49,300	42,840	36,370	29,910	23,440	18,380	15,140	11,920	202,200
614,000	617,000	49,860	43,390	36,920	30,460	23,990	18,650	15,420	12,190	203,700
617,000	620,000	50,410	43,940	37,470	31,010	24,540	18,930	15,690	12,470	205,100
620,000	623,000	50,960	44,500	38,020	31,560	25,100	19,210	15,970	12,740	206,700
623,000	626,000	51,510	45,050	38,570	32,110	25,650	19,480	16,240	13,020	208,100
626,000	629,000	52,060	45,600	39,120	32,660	26,200	19,760	16,520	13,290	209,500
629,000	632,000	52,610	46,150	39,680	33,210	26,750	20,280	16,800	13,570	211,000
632,000	635,000	53,160	46,700	40,230	33,760	27,300	20,830	17,070	13,840	212,500
635,000	638,000	53,710	47,250	40,780	34,320	27,850	21,380	17,350	14,120	214,000
638,000	641,000	54,270	47,800	41,330	34,870	28,400	21,930	17,620	14,400	214,900
641,000	644,000	54,820	48,350	41,880	35,420	28,960	22,480	17,900	14,670	215,900
644,000	647,000	55,370	48,910	42,430	35,970	29,510	23,030	18,170	14,950	217,000
647,000	650,000	55,920	49,460	42,980	36,520	30,060	23,590	18,450	15,220	218,000
650,000	653,000	56,470	50,010	43,540	37,070	30,610	24,140	18,730	15,500	219,000
653,000	656,000	57,020	50,560	44,090	37,620	31,160	24,690	19,000	15,770	220,000
656,000	659,000	57,570	51,110	44,640	38,180	31,710	25,240	19,280	16,050	221,000
659,000	662,000	58,130	51,660	45,190	38,730	32,260	25,790	19,550	16,330	222,100
662,000	665,000	58,680	52,210	45,740	39,280	32,810	26,340	19,880	16,600	223,100
665,000	668,000	59,230	52,770	46,290	39,830	33,370	26,890	20,430	16,880	224,100
668,000	671,000	59,780	53,320	46,840	40,380	33,920	27,440	20,980	17,150	225,000
671,000	674,000	60,330	53,870	47,390	40,930	34,470	28,000	21,530	17,430	226,000
674,000	677,000	60,880	54,420	47,950	41,480	35,020	28,550	22,080	17,700	227,100
677,000	680,000	61,430	54,970	48,500	42,030	35,570	29,100	22,640	17,980	228,100
680,000	683,000	61,980	55,520	49,050	42,590	36,120	29,650	23,190	18,260	229,100
683,000	686,000	62,540	56,070	49,600	43,140	36,670	30,200	23,740	18,530	230,400
686,000	689,000	63,090	56,620	50,150	43,690	37,230	30,750	24,290	18,810	232,100
689,000	692,000	63,640	57,180	50,700	44,240	37,780	31,300	24,840	19,080	233,600
692,000	695,000	64,190	57,730	51,250	44,790	38,330	31,860	25,390	19,360	235,100
695,000	698,000	64,740	58,280	51,810	45,340	38,880	32,410	25,940	19,630	236,700
698,000	701,000	65,290	58,830	52,360	45,890	39,430	32,960	26,490	20,030	238,200
701,000	704,000	65,840	59,380	52,910	46,450	39,980	33,510	27,050	20,580	239,700
704,000	707,000	66,400	59,930	53,460	47,000	40,530	34,060	27,600	21,130	241,300
707,000	710,000	66,960	60,480	54,020	47,550	41,090	34,620	28,150	21,690	242,900
710,000	713,000	67,570	61,100	54,630	48,160	41,700	35,230	28,760	22,300	244,400
713,000	716,000	68,180	61,710	55,250	48,770	42,310	35,850	29,370	22,910	246,000
716,000	719,000	68,790	62,320	55,860	49,390	42,920	36,460	29,990	23,520	247,500
719,000	722,000	69,410	62,930	56,470	50,000	43,540	37,070	30,600	24,140	249,000
722,000	725,000	70,020	63,550	57,080	50,610	44,150	37,690	31,210	24,750	250,600
725,000	728,000	70,630	64,160	57,700	51,220	44,760	38,300	31,820	25,360	252,200
728,000	731,000	71,250	64,770	58,310	51,840	45,370	38,910	32,440	25,970	253,700
731,000	734,000	71,860	65,380	58,920	52,450	45,990	39,520	33,050	26,590	255,300
734,000	737,000	72,470	66,000	59,530	53,060	46,600	40,140	33,660	27,200	256,800
737,000	740,000	73,080	66,610	60,150	53,670	47,210	40,750	34,270	27,810	258,300

巻末付録

(六) (740,000円～3,499,999円)

その月の社会保険料等控除後の給与等の金額	甲								乙
	扶養親族等の数								
	0人	1人	2人	3人	4人	5人	6人	7人	
以上　未満	税　　額								税　額
740,000円	円 73,390	円 66,920	円 60,450	円 53,980	円 47,520	円 41,050	円 34,580	円 28,120	円 259,800
740,000円を超え780,000円に満たない金額	740,000円の場合の税額に、その月の社会保険料等控除後の給与等の金額のうち740,000円を超える金額の20.42％に相当する金額を加算した金額								259,800 円 に、その月の社会保険料等控除後の給与等の金額のうち 740,000 円を超える金額の 40.84％に相当する金額を加算した金額
780,000円	円 81,560	円 75,090	円 68,620	円 62,150	円 55,690	円 49,220	円 42,750	円 36,290	
780,000円を超え950,000円に満たない金額	780,000円の場合の税額に、その月の社会保険料等控除後の給与等の金額のうち780,000円を超える金額の23.483％に相当する金額を加算した金額								
950,000円	円 121,480	円 115,010	円 108,540	円 102,070	円 95,610	円 89,140	円 82,670	円 76,210	
950,000円を超え1,700,000円に満たない金額	950,000円の場合の税額に、その月の社会保険料等控除後の給与等の金額のうち950,000円を超える金額の33.693％に相当する金額を加算した金額								
1,700,000円	円 374,180	円 367,710	円 361,240	円 354,770	円 348,310	円 341,840	円 335,370	円 328,910	円 651,900
1,700,000円を超え2,170,000円に満たない金額	1,700,000円の場合の税額に、その月の社会保険料等控除後の給与等の金額のうち1,700,000円を超える金額の40.84％に相当する金額を加算した金額								651,900 円 に、その月の社会保険料等控除後の給与等の金額のうち1,700,000 円を超える金額の 45.945％に相当する金額を加算した金額
2,170,000円	円 571,570	円 565,090	円 558,630	円 552,160	円 545,690	円 539,230	円 532,760	円 526,290	
2,170,000円を超え2,210,000円に満たない金額	2,170,000円の場合の税額に、その月の社会保険料等控除後の給与等の金額のうち2,170,000円を超える金額の40.84％に相当する金額を加算した金額								
2,210,000円	円 593,340	円 586,870	円 580,410	円 573,930	円 567,470	円 561,010	円 554,540	円 548,070	
2,210,000円を超え2,250,000円に満たない金額	2,210,000円の場合の税額に、その月の社会保険料等控除後の給与等の金額のうち2,210,000円を超える金額の40.84％に相当する金額を加算した金額								
2,250,000円	円 615,120	円 608,650	円 602,190	円 595,710	円 589,250	円 582,790	円 576,310	円 569,850	
2,250,000円を超え3,500,000円に満たない金額	2,250,000円の場合の税額に、その月の社会保険料等控除後の給与等の金額のうち2,250,000円を超える金額の40.84％に相当する金額を加算した金額								

(3,500,000円～)

その月の社会保険料等控除後の給与等の金額	甲								乙
	扶 養 親 族 等 の 数								
	0 人	1 人	2 人	3 人	4 人	5 人	6 人	7 人	
以 上　　未 満	税　　　　　　　　　　額							額	税　額
3,500,000円	円 1,125,620	円 1,119,150	円 1,112,690	円 1,106,210	円 1,099,750	円 1,093,290	円 1,086,810	円 1,080,350	651,900 円 に、その月の社会保険料等控除後の給与等の金額のうち1,700,000円を超える金額の45.945％に相当する金額を加算した金額
3,500,000円を超える金額	3,500,000円の場合の税額に、その月の社会保険料等控除後の給与等の金額のうち3,500,000円を超える金額の45.945％に相当する金額を加算した金額								
扶養親族等の数が7人を超える場合には、扶養親族等の数が7人の場合の税額から、その7人を超える1人ごとに1,610円を控除した金額									従たる給与についての扶養控除等申告書の提出されている場合には、当該申告書に記載された扶養親族等の数に応じ、扶養親族等1人ごとに1,610円を、上の各欄によって求めた税額から控除した金額

巻末付録

(注) この表における用語の意味は、次のとおりです。
1 「扶養親族等」とは、源泉控除対象配偶者及び控除対象扶養親族をいいます。詳しくは19ページ2「税額表の使い方」をご覧ください。
2 「社会保険料等」とは、所得税法第74条第2項（社会保険料控除）に規定する社会保険料及び同法第75条第2項（小規模企業共済等掛金控除）に規定する小規模企業共済等掛金をいいます。

(備考) 税額の求め方は、次のとおりです。
1 「給与所得者の扶養控除等申告書」（以下この表において「扶養控除等申告書」といいます。）の提出があった人
　(1) まず、その人のその月の給与等の金額から、その給与等の金額から控除される社会保険料等の金額を控除した金額を求めます。
　(2) 次に、扶養控除等申告書により申告された扶養親族等（その申告書に記載がされていないものとされる源泉控除対象配偶者を除きます。また、扶養親族等が国外居住親族である場合には、親族に該当する旨を証する書類（その国外居住親族である扶養親族等が年齢30歳以上70歳未満の控除対象扶養親族であり、かつ、留学により国内に住所及び居所を有しなくなった人である場合には、親族に該当する旨を証する書類及び留学により国内に住所及び居所を有しなくなった人に該当する旨を証する書類）が扶養控除等申告書に添付され、又は扶養控除等申告書の提出の際に提示された扶養親族等に限ります。）の数が7人以下である場合には、(1)により求めた金額に応じて「その月の社会保険料等控除後の給与等の金額」欄の該当する行を求め、その行と扶養親族等の数に応じた甲欄の該当欄との交わるところに記載されている金額を求めます。これが求める税額です。
　(3) 扶養控除等申告書により申告された扶養親族等の数が7人を超える場合には、(1)により求めた金額に応じて、扶養親族等の数が7人であるものとして(2)により求めた税額から、扶養親族等の数が7人を超える1人ごとに1,610円を控除した金額を求めます。これが求める税額です。
　(4) (2)及び(3)の場合において、扶養控除等申告書にその人が障害者（特別障害者を含みます。）、寡婦、ひとり親又は勤労学生に該当する旨の記載があるときは、扶養親族等の数にこれらの一に該当するごとに1人を加算した数を、扶養控除等申告書にその人の同一生計配偶者又は扶養親族のうちに障害者（特別障害者を含みます。）又は同居特別障害者（障害者（特別障害者を含みます。）又は同居特別障害者が国外居住親族である場合には、親族に該当する旨を証する書類が扶養控除等申告書に添付され、又は扶養控除等申告書の提出の際に提示された障害者（特別障害者を含みます。）又は同居特別障害者に限ります。）に該当する人がいる旨の記載があるときは、扶養親族等の数にこれらの一に該当するごとに1人を加算した数を、それぞれ(2)及び(3)の扶養親族等の数とします。
2 扶養控除等申告書の提出がない人（「従たる給与についての扶養控除等申告書」の提出があった人を含みます。）
　その人のその月の給与等の金額から、その給与等の金額から控除される社会保険料等の金額を控除し、その控除後の金額に応じた「その月の社会保険料等控除後の給与等の金額」欄の該当する行と乙欄との交わるところに記載されている金額（「従たる給与についての扶養控除等申告書」の提出があった場合には、その申告書により申告された扶養親族等（その申告書に記載がされていないものとされる源泉控除対象配偶者を除きます。）の数に応じ、扶養親族等1人ごとに1,610円を控除した金額）を求めます。これが求める税額です。

⑦賞与に対する源泉徴収税額の算出率の表

（平成24年3月31日財務省告示第115号別表第三（令和2年3月31日財務省告示第81号改正））

賞与の金額に乗ずべき率	甲							
	扶養親族				親族			
	0 人		1 人		2 人		3 人	
	前 月 の 社 会 保 険 料 等 控							
	以 上	未 満	以 上	未 満	以 上	未 満	以 上	未 満
%	千円	千円	千円	千円	千円	千円	千円	千円
0.000	68 千円未満		94 千円未満		133 千円未満		171 千円未満	
2.042	68	79	94	243	133	269	171	295
4.084	79	252	243	282	269	312	295	345
6.126	252	300	282	338	312	369	345	398
8.168	300	334	338	365	369	393	398	417
10.210	334	363	365	394	393	420	417	445
12.252	363	395	394	422	420	450	445	477
14.294	395	426	422	455	450	484	477	510
16.336	426	520	455	520	484	520	510	544
18.378	520	601	520	617	520	632	544	647
20.420	601	678	617	699	632	721	647	745
22.462	678	708	699	733	721	757	745	782
24.504	708	745	733	771	757	797	782	823
26.546	745	788	771	814	797	841	823	868
28.588	788	846	814	874	841	902	868	931
30.630	846	914	874	944	902	975	931	1,005
32.672	914	1,312	944	1,336	975	1,360	1,005	1,385
35.735	1,312	1,521	1,336	1,526	1,360	1,526	1,385	1,538
38.798	1,521	2,621	1,526	2,645	1,526	2,669	1,538	2,693
41.861	2,621	3,495	2,645	3,527	2,669	3,559	2,693	3,590
45.945	3,495 千円以上		3,527 千円以上		3,559 千円以上		3,590 千円以上	

(注) この表における用語の意味は、次のとおりです。
1 「扶養親族等」とは、源泉控除対象配偶者及び控除対象扶養親族をいいます。詳しくは19ページ2「税額表の使い方」をご覧ください。
2 「社会保険料等」とは、所得税法第74条第2項（社会保険料控除）に規定する社会保険料及び同法第75条第2項（小規模企業共済等掛金控除）に規定する小規模企業共済等掛金をいいます。
また、「賞与の金額に乗ずべき率」の賞与の金額とは、賞与の金額から控除される社会保険料等の金額がある場合には、その社会保険料等控除後の金額をいいます。

(備考) 賞与の金額に乗ずべき率の求め方は、次のとおりです。
1 「給与所得者の扶養控除等申告書」（以下この表において「扶養控除等申告書」といいます。）の提出があった人（4に該当する場合を除きます。）
(1) まず、その人の前月中の給与等（賞与を除きます。以下この表において同じです。）の金額から、その給与等の金額から控除される社会保険料等の金額（以下この表において「前月中の社会保険料等の金額」といいます。）を控除した金額を求めます。
(2) 次に、扶養控除等申告書により申告された扶養親族等（その申告書に記載がされていないものとされる源泉控除対象配偶者を除きます。また、扶養親族等が国外居住親族である場合には、親族に該当する旨を証する書類（その国外居住親族である扶養親族等が年齢30歳以上70歳未満の控除対象扶養親族であり、かつ、留学により国内に住所及び居所を有しなくなった人である場合には、親族に該当する旨を証する書類及び留学により国内に住所及び居所を有しなくなった人に該当する旨を証する書類）が扶養控除等申告書に添付され、又は扶養控除等申告書の提出の際に提示された扶養親族等に限ります。）の数と(1)により求めた金額とに応じて甲欄の「前月の社会保険料等控除後の給与等の金額」欄の該当する行を求めます。
(3) (2)により求めた行と「賞与の金額に乗ずべき率」欄との交わるところに記載されている率を求めます。これが求める率です。

等	の	数						乙	
4 人		5 人		6 人		7 人 以 上		前月の社会保険料等控除後の給与等の金額	
除 後 の 給 与 等 の 金 額									
以 上	未 満	以 上	未 満	以 上	未 満	以 上	未 満	以 上	未 満
千円	千円	千円	千円	千円	千円	千円	千円	千円	千円
210 千円未満		243 千円未満		275 千円未満		308 千円未満			
210	300	243	300	275	333	308	372		
300	378	300	406	333	431	372	456		
378	424	406	450	431	476	456	502		
424	444	450	472	476	499	502	523		
444	470	472	496	499	521	523	545	222 千円未満	
470	503	496	525	521	547	545	571		
503	534	525	557	547	582	571	607		
534	570	557	597	582	623	607	650		
570	662	597	677	623	693	650	708		
662	768	677	792	693	815	708	838	222	293
768	806	792	831	815	856	838	880		
806	849	831	875	856	900	880	926		
849	896	875	923	900	950	926	978		
896	959	923	987	950	1,015	978	1,043		
959	1,036	987	1,066	1,015	1,096	1,043	1,127	293	524
1,036	1,409	1,066	1,434	1,096	1,458	1,127	1,482		
1,409	1,555	1,434	1,555	1,458	1,555	1,482	1,583		
1,555	2,716	1,555	2,740	1,555	2,764	1,583	2,788	524	1,118
2,716	3,622	2,740	3,654	2,764	3,685	2,788	3,717		
3,622 千円以上		3,654 千円以上		3,685 千円以上		3,717 千円以上		1,118 千円以上	

2　1の場合において、扶養控除等申告書にその人が障害者（特別障害者を含みます。）、寡婦、ひとり親又は勤労学生に該当する旨の記載があるときは、扶養親族等の数にこれらの一に該当するごとに1人を加算した数を、扶養控除等申告書にその人の同一生計配偶者又は扶養親族のうちに障害者（特別障害者を含みます。）又は同居特別障害者（障害者（特別障害者を含みます。）又は同居特別障害者が国外居住親族である場合には、親族に該当する旨を証する書類が扶養控除等申告書に添付され、又は扶養控除等申告書の提出の際に提示された障害者（特別障害者を含みます。）又は同居特別障害者に限ります。）に該当する人がいる旨の記載があるときは、扶養親族等の数にこれらの一に該当するごとに1人を加算した数を、それぞれ扶養親族等の数とします。

3　扶養控除等申告書の提出がない人（「従たる給与についての扶養控除等申告書」の提出があった人を含み、4に該当する場合を除きます。）

(1)　その人の前月中の給与等の金額から前月中の社会保険料等の金額を控除した金額を求めます。

(2)　(1)により求めた金額に応じて乙欄の「前月の社会保険料等控除後の給与等の金額」欄の該当する行を求めます。

(3)　(2)により求めた行と「賞与の金額に乗ずべき率」欄との交わるところに記載されている率を求めます。これが求める率です。

4　前月中の給与等の金額がない場合や前月中の給与等の金額が前月中の社会保険料等の金額以下である場合又はその賞与の金額（その金額から控除される社会保険料等の金額がある場合には、その控除後の金額）が前月中の給与等の金額から前月中の社会保険料等の金額を控除した金額の10倍に相当する金額を超える場合には、この表によらず、平成24年3月31日財務省告示第115号（令和2年3月31日財務省告示第81号改正）第3項第1号イ(2)若しくはロ(2)又は第2号の規定により、月額表を使って税額を計算します。

5　1から4までの場合において、その人の受ける給与等の支給期が月の整数倍の期間ごとと定められているときは、その賞与の支払の直前に支払を受けた若しくは支払を受けるべき給与等の金額又はその給与等の金額から控除される社会保険料等の金額をその倍数で除して計算した金額を、それぞれ前月中の給与等の金額又はその金額から控除される社会保険料等の金額とみなします。

⑧労災保険率

事業の種類の分類	事業の種類	労災保険料率
林　　　　業	林業	52/1000
漁　　　　業	海面漁業（定置網漁業又は海面魚類養殖業を除く）	18/1000
	定置網漁業又は海面魚類養殖業	37/1000
鉱　　　　業	金属鉱業、非金属鉱業（石灰石鉱業又はドロマイト鉱業を除く）又は石炭鉱業	88/1000
	石灰石鉱業又はドロマイト鉱業	13/1000
	原油又は天然ガス鉱業	2.5/1000
	採石業	37/1000
	その他の鉱業	26/1000
建　設　事　業	水力発電施設、ずい道等新設事業	34/1000
	道路新設事業	11/1000
	舗装工事業	9/1000
	鉄道又は軌道新設事業	9/1000
	建築事業（既設建築物設備工事業を除く）	9.5/1000
	既設建築物設備工事業	12/1000
	機械装置の組立て又は据付けの事業	6/1000
	その他の建設事業	15/1000
製　　造　　業	食料品製造業	5.5/1000
	繊維工業又は繊維製品製造業	4/1000
	木材又は木製品製造業	13/1000
	パルプ又は紙製造業	7/1000
	印刷又は製本業	3.5/1000
	化学工業	4.5/1000
	ガラス又はセメント製造業	6/1000
	コンクリート製造業	13/1000
	陶磁器製品製造業	17/1000
	その他の窯業又は土石製品製造業	23/1000
	金属精錬業（非鉄金属精錬業を除く）	6.5/1000
	非鉄金属精錬業	7/1000
	金属材料品製造業（鋳物業を除く）	5/1000
	鋳物業	16/1000
	金属製品製造業又は金属加工(洋食器、刃物、手工具又は一般金物製造業及びめっき業を除く)	9/1000
	洋食器、刃物、手工具又は一般金物製造業（めっき業を除く）	6.5/1000
	めっき業	6.5/1000
	機械器具製造業（電気機械器具製造業、輸送用機械器具製造業、船舶製造又は修理業及び計量器、光学機械、時計等製造業を除く）	5/1000
	電気機械器具製造業	3/1000
	輸送用機械器具製造業（船舶製造又は修理業を除く）	4/1000
	船舶製造又は修理業	23/1000
	計量器、光学機械、時計等製造業（電気機械器具製造業を除く）	2.5/1000
	貴金属製品、装身具、皮革製品等製造業	3.5/1000
	その他の製造業	6/1000
運　　輸　　業	交通運輸事業	4/1000
	貨物取扱事業（港湾貨物取扱事業及び港湾荷役業を除く）	8.5/1000
	港湾貨物取扱事業（港湾荷役業を除く）	9/1000
	港湾荷役業	12/1000
電気、ガス、水道又は熱供給の事業	電気、ガス、水道又は熱供給の事業	3/1000
そ　の　他　の　事　業	農業又は海面漁業以外の漁業	13/1000
	清掃、火葬又はと畜の事業	13/1000
	ビルメンテナンス業	6/1000
	倉庫業、警備業、消毒又は害虫駆除の事業又はゴルフ場の事業	6.5/1000
	通信業、放送業、新聞業又は出版業	2.5/1000
	卸売業・小売業、飲食店又は宿泊業	3/1000
	金融業、保険業又は不動産業	2.5/1000
	その他の各種事業	3/1000
船舶所有者の事業		42/1000

MEMO

●監修者・編者プロフィール

［監修者：給与計算実務能力検定試験®主催］

内閣府認可　一般財団法人 職業技能振興会

1948年6月、個人の自立・自活による国内経済の回復を図るため、当時の労働省（現厚生労働省）の認可団体として設立された。現在、社会・経済・労働など多様化する環境の変化に機敏に対応し、社会的ニーズの大きい健康・福祉・介護・教育分野はじめ、時代に即応した技術者及び資格者の養成に事業活動の分野を展開している。

［編者：給与計算実務能力検定試験®運営・講座開発］

一般社団法人 実務能力開発支援協会

2013年10月、給与計算代行や人事労務コンサルティング等を行う株式会社ブレインコンサルティングオフィスを母体として設立。実務能力向上のためのセミナー開催や情報発信等さまざまな取り組みにより、ビジネススキルの開発・向上の支援をしている。
公式HP：https://jitsumu-up.jp/

2024年度版 給与計算実務能力検定®2級公式テキスト

2024年6月10日　　初版第1刷発行
2024年9月30日　　第4刷発行

編　　者——一般社団法人 実務能力開発支援協会
　　　　　　©2024 Business Development Ability Support Association
発 行 者——張 士洛
発 行 所——日本能率協会マネジメントセンター
〒103-6009　東京都中央区日本橋2-7-1　東京日本橋タワー
TEL 03（6362）4339（編集）／03（6362）4558（販売）
FAX 03（3272）8127（編集・販売）
https://www.jmam.co.jp/

装　　丁——吉村 朋子
本文DTP——株式会社森の印刷屋
印 刷 所——広研印刷株式会社
製 本 所——ナショナル製本協同組合

本書の内容に関するお問い合わせは、iiページにてご案内しております。

ISBN 978-4-8005-9219-4 C3033
落丁・乱丁はおとりかえします。
PRINTED IN JAPAN

2024年度版
給与計算実務能力検定®1級
公式テキスト

一般社団法人 実務能力開発支援協会　編
一般財団法人 職業技能振興会　監修
A5判　288頁

　「給与」は諸手当や税・保険料など、実に様々な要素の計算ではじき出されています。本書は、多様化・煩雑化する給与計算業務への対応とトラブル回避ができる即戦力の養成を目指す検定の1級公式テキストです。要点を押さえた解説と実践的な演習問題により、給与計算業務の管理者としての実力を発揮するための知識がしっかりと身につきます。2024年春時点の改正事項に対応した最新版です。

日本能率協会マネジメントセンター